NEW VISION

新视界

始于未知　去往浩瀚

高质量发展与强国建设论丛

迈向海运强国

TOWARDS MARITIME POWER

构筑21世纪海上丝绸之路超级纽带

周　然　魏际刚　朱乐群 ◎ 主编

上海人民出版社　　上海远东出版社

图书在版编目（CIP）数据

迈向海运强国：构筑 21 世纪海上丝绸之路超级纽带 /
周然，魏际刚，朱乐群主编. —上海：上海远东出版社，
2024. —（高质量发展与强国建设论丛）. — ISBN 978
-7-5476-2074-8

Ⅰ. F552.3

中国国家版本馆 CIP 数据核字第 2024KE8451 号

出 品 人　曹　建
责任编辑　陈占宏
封面设计　朱　婷

高质量发展与强国建设论丛

迈向海运强国：构筑 21 世纪海上丝绸之路超级纽带

周　然　魏际刚　朱乐群　主编

出　　版　上海远东出版社
　　　　　（201101　上海市闵行区号景路 159 弄 C 座）
发　　行　上海人民出版社发行中心
印　　刷　上海中华印刷有限公司
开　　本　710×1000　　　1/16
印　　张　12.25
插　　页　1
字　　数　188,000
版　　次　2024 年 12 月第 1 版
印　　次　2024 年 12 月第 1 次印刷
ISBN　978-7-5476-2074-8/F·753
定　　价　68.00 元

高质量发展与强国建设论丛
编 委 会

前　言

　　在浩渺无垠的蓝色海洋之上，历史的长河汇聚成一条条波澜壮阔的航线，它们见证了文明的交融，也构筑了国与国之间的桥梁。三千多年前，我们的先辈扬帆远航，穿越惊涛骇浪，闯荡出连接东西方的海上丝绸之路，开启了人类文明交融新时期。海运，作为这条丝绸之路的生命线，义无反顾地承担着历史重任，它跨越国界，连接着世界的每一个角落，见证着贸易的繁荣与文化的交流。海运强国的崛起，不仅是一个国家经济实力的体现，更是其文明进步与开放包容的象征。

　　站在新的历史起点，2013 年 10 月，习近平总书记访问印度尼西亚时提出了共建"21 世纪海上丝绸之路"倡议。它不仅是连接亚欧非的经济走廊，更是海运强国崛起的崭新舞台。在这条航路上，巨轮穿梭，航线交织，海运事业焕发出前所未有的生机与活力。"21 世纪海上丝绸之路"的共建与海运强国的发展，如同星辰与大海，相互辉映，在回望千年海洋文明与展望未来繁荣之中共同演绎着新时代的华章。

　　本书致力于深入探讨中国海运业发展及其在构建"21 世纪海上丝绸之路"中发挥的重要作用，全书通过两大篇章的精心布局，不仅勾勒出了海上丝绸之路沿线国家水运发展的丰富图景，还详尽阐述了迈向海运强国，构筑"21 世纪海上丝绸之路"超级纽带的战略路径与实践探索。

　　第一篇为基础篇。以宏大视角回顾介绍了世界海运强国发展、我国海运强国建设历程，系统梳理了"21 世纪海上丝绸之路"的历史渊源与当代发展，并基于此论述了海运强国与"21 世纪海上丝绸之路"的内在联系，从历史与当代两个视角构建了本书写作的总体背景。在此基础上，详细介绍了"21 世纪海上丝绸之路"沿线国家的发展概况，展现了这些国家经济、交通运输等维度的发展水平。同时，聚焦于海运贸易往来、航线布局与港口合作发展的现状与趋势，深入剖析了这些要素如何共同编织成一张覆盖全球的海上运输网络。

第二篇为发展篇。在基础篇的坚实铺垫下，发展篇进一步聚焦中国海运业迈向海运强国，构筑"21 世纪海上丝绸之路"超级纽带的发展蓝图与实际行动。首先，提出了保障海运供应链总体安全的对策构想，这是构建海运强国不可或缺的基础保障。其次，详细阐述了如何打造世界级港口群作为核心基础，通过提升港口设施、优化服务水平、加强国际合作等措施，推动中国港口群在全球港口网络中的地位不断攀升。再次，深入探讨了发展世界一流航运服务的路径与策略，倡导培育丝路海运新质生产力，通过创新航运模式、拓展航运服务领域等方式，为海上丝绸之路注入新的活力与动力。最后，展望了共创丝路海运合作共赢新局面的美好愿景，提出实现更加紧密的合作与共赢发展的具体方向。

自古以来，海上丝绸之路便以其独特的魅力，成为连接东西方文明的桥梁，促进了贸易的繁荣、文化的交融与思想的碰撞。而今，面对全球化深入发展、国际经济格局深刻调整的新形势，中国正以前所未有的决心和勇气，迈向建设海运强国的伟大征程，致力于构筑一条新时代的海上丝绸之路超级纽带，续写海洋文明的新篇章。相信本书的出版，将为广大读者提供宝贵的启示与借鉴，激励我们携手共进，为构建更加紧密的海上互联互通伙伴关系、推动构建人类命运共同体贡献智慧和力量。

目 录

基础篇

与世界相交　与时代相通

——汇四海　贯古今　丝路千载续华章

第 1 章
迈向海运强国的"21 世纪海上丝绸之路"

　　地球表面约 70% 被海洋覆盖,决定了全球化必然发端于海洋。海运是人类现代文明进步的重要载体和连通全球的重要纽带,承载着全球贸易的重任,创造并传递着全球价值与文明。中国海运发展经历了一个由古至今的漫长历史,从古代帆船到现代集装箱运输,海运成为中国国民经济中不可或缺的一部分。迈向海运强国之路,不仅是对古代丝绸之路精神的继承与发展,更是中国积极参与全球治理、贡献中国智慧和中国方案的实际行动。"21 世纪海上丝绸之路"作为一项宏大的国际合作倡议,承载着促进区域经济一体化和文化交流的使命,更是推动构建人类命运共同体的具体实践,不仅促进了区域经济的互联互通,也为全球海运业的可持续发展提供了新的动力。海运强国与"21 世纪海上丝绸之路"两者相互交融,彼此促进,共同推动建立更加和平、稳定、繁荣的海洋秩序,为完善全球海洋治理与构建人类命运共同体作出积极贡献。

1.1　海运强国发展概况

　　自 15 世纪大航海时代以来,各大洲通过海上航线紧密相连,近代文明的序幕由此拉开,真正的全球性海运强国也应运而生。纵观历史上世界各国强弱的更替,背后的原因错综复杂,但有一条因素被史学界普遍认同:强于世界者必盛于海洋,衰于世界者必败于海洋。西方海权论学者马汉指出:"所有国家的兴衰,其决定因素在于是否控制了海洋。"海运兴替直接关系国家盛衰,是一条颠扑不破的历史规律,海运强国的历史几乎就是世界强国的历史。

1.1.1　全球视域下的海运强国

从全球视角来看,没有一个经济强国不是海洋强国、航运强国。从 15—16 世纪通过航海探险"发现新大陆"的葡萄牙、西班牙,到 17 世纪成为"海上马车夫"的荷兰,再到 19—20 世纪初成为"日不落帝国"的英国,以及通过发起集装箱革命、控制海上运输战略通道等主导国际海运的美国,交通运输尤其是海运,都是国家强盛的先行引领和战略支撑。这些国家无一例外都是先通过发展海运、进而控制海权,最终实现其大国、强国地位的迅速崛起。

葡萄牙,位于欧洲西南部的伊比利亚半岛上,东、北临西班牙,西、南两面濒临大西洋。15 世纪和 16 世纪,葡萄牙进入了大航海时代,以航海探险和殖民扩张闻名于世,发现了巴西、非洲、亚洲等地的新航线,并在此基础上建立了广泛的殖民帝国,成为早期的海运强国之一。1488 年,巴尔托洛梅乌·缪·迪亚士率领船队绕过非洲最南端的好望角,这是葡萄牙航海史上的一大突破,标志着通往东方的新航路的开辟。1498 年,瓦斯科·达·伽马成功开辟了从葡萄牙到印度的直达航线,这条航线的建立促进了葡萄牙与亚洲之间的贸易往来。葡萄牙的航海探险不仅在地理上扩展了已知世界的边界,同时推动了航海技术、天文学和制图学领域的重大进步。

西班牙,位于欧洲西南部的伊比利亚半岛上,其地理位置得天独厚,使其成为 15 世纪末至 16 世纪初大航海时代的重要参与者。在这段时期内,西班牙凭借着一系列重大的航海探险活动,迅速建立起一个遍布全球的帝国,并确立了其作为重要海运强国的地位。15 世纪末期,西班牙王室支持了一系列大胆的航海计划。哥伦布发现新大陆和麦哲伦环球航行,标志着西班牙在航海上取得了更大成就,凭借这些航海成就,西班牙在 16 世纪迅速扩大了其在亚洲和美洲的殖民地,极大地推动了国家的经济发展和文化交流,进一步巩固了西班牙的海运强国地位。

　　荷兰,位于欧洲西北部,西、北临近北海,拥有多个天然良港,被誉为"海上马车夫"。17 世纪被称为荷兰的黄金时代,荷兰凭借其先进的航海技术和发达的商业网络,成了一个重要的海运强国。在这一时期,荷兰通过一系列的航海探险活动和商业扩张,迅速建立起一个遍布全球的贸易网络,成立了荷兰东印度公司和荷兰西印度公司。同时,荷兰的造船业也十分发达,建造了大量高效、可靠的商船和战舰,这些船只不仅用于贸易,也在保护荷兰海上利益方面发挥了关键作用。

　　英国,位于欧洲西北部,四面环海,其地理位置得天独厚,临近大西洋和北海,有"日不落帝国"之称。16 世纪末期,英国开始积极参与海外探险和贸易活动。1588 年,英国击败了西班牙"无敌舰队",这一胜利标志着英国海上力量的崛起,并为英国在随后几个世纪内的海上扩张奠定了基础。18 世纪,英国通过一系列战争,进一步巩固了其海上霸权。19 世纪初,英国通过工业革命进一步强化了其经济实力和海上优势。随着蒸汽动力的引入,英国的海军和商船队向着更加现代化和高效化发展。19 世纪中叶至 20 世纪初,英国海运强国地位达到了顶峰,拥有全球最庞大的殖民地网络和最强大的海军。此外,英国高度重视海运管理,特别是海事法律、保险、贸易等,其开创、推行的相关技术标准与规则对世界海运进步作出了重要贡献。

　　美国,位于北美洲,东临大西洋,西濒太平洋,拥有漫长的海岸线和众多优良港口。19 世纪初,随着工业革命的推进,美国海运业快速发展,船舶制造技术和航海技术不断提升。这一时期,美国开始建立其在国际海运中的地位,尤其是在南北战争之后,美国的经济迅速恢复并扩张,为其海运业的进一步发展提供了坚实基础。20 世纪中叶,美国通过技术创新引领了海运行业的变革,发起了集装箱革命,极大地提高了海运物流效率,降低了成本,并促进了全球贸易的发展。进入 21 世纪,美国继续保持着在全球海运领域的领先地位,海运物流业务已成为连接全球经济的重要动脉。

1.1.2　中国海运强国之路

　　我国是海洋大国、航运大国,外贸进出口货运量的 95% 以上通过海运完成。海运是我国经济社会发展的基础性、先导性和服务性行业,在维护国家海洋权益和经济安全、推动对外贸易发展、促进产业转型升级等方面具有十分重要的作用,同时也是推进"一带一路"倡议的重要支撑。习近平总书记曾深刻指出,"经济强国必定是海洋强国、航运强国",这一重要论断思想深刻、内涵丰富,阐明了海运与经济、海运与国家战略之间的关系,为我国未来海运事业的发展指明了方向。

中国海运历史源远流长。从夏朝时,华夏先民们便在辽东半岛与山东半岛之间,设有一条定点的往返航线。东周时,沿海诸侯国已经可以建造巨大的楼船,开展了大规模的海上探险、海上运输与海外贸易。宋朝是古代中国航运的黄金时期,海上贸易与工业发展相辅相成,较佳的造船技术与经改良的导航装备使更大更安全的海船得以建成。明清时期,中国的海外贸易逐渐发展起来。清朝时期,福建、广东、浙江等地逐渐形成了一批以海外贸易为主的港口城市,如福州、泉州、厦门、广州、香港、澳门等。20 世纪初,陆地交通还不发达,中国的海运对国民经济发展起到了重要的作用。随着工业化进程的加速,原材料、煤炭、钢铁、化肥、石油等重要物资需要海运运输,国家对海运的重视程度也越来越高。

1949 年 10 月 1 日,"海辽"轮升起五星红旗,标志着新中国海运事业的开始。经过 70 余年的发展,我国海运行业已形成完整、合理的产业体系,已建和在建的自动化集装箱码头规模均居世界前列,中国自动化码头建设技术标准走出国门,并积极参与国际海运事务和国际海运治理,在履行国际公约、维护国际海运安全、海上救助打捞、卫星导航等方面不懈努力,基本形成了海运强国的实力。2023 年,中国的国际海运量已近全球海运量的三分之一,重点物资和国际集装箱运输服务保障能力进一步提升,国际邮轮运输全面复航,海运船队规模保持在世界前列,为世界海运的繁荣发展贡献了中国智慧与中国力量。总体来看,我国海运强国的当代发展大致经历了以下四个阶段:

1949—1978 年,我国海运业缓慢发展、奠定基础:第一届全国人大首次明确提出了"尽可能迅速地实现国家工业化,使中国具有强大的现代化工业、现代化农业、现代化的交通运输业和现代化的国防"的宏伟目标。"海辽"轮升起五星红旗,标志着新中国海运事业的开始。1961 年 4 月 27 日,随着"光华"轮一声汽笛长鸣,新中国首家国际海运企业——中国远洋运输公司(以下简称"中远集团")宣告成立。1978 年 9 月 26 日,中远集团"平乡城"轮装载 162 只集装箱从上海驶往澳大利亚,开辟了中国首条国际集装箱班轮航线。

1979—2000 年,我国经济快速增长,海运大国地位逐步确立:党的十一届三中全会以来,为适应外贸杂货的运输需要,我国远洋运输比较重视发展国际集装箱运输,大连、天津、青岛、上海、广州等港口开展了集装箱进出口业务。这一时期,我国远洋运输船队实现快速发展,1979 年我国远洋船队由 1970 年居世界第 28 位,上升到第 14 位。1990 年 4 月,中共中央、国务院正式批准开发开放浦东,将上海推上建设国际航运中心、参与国际市场竞争的大舞台。1992 年后,交通部全面组织实施"三主一支持"长远规划,以主枢纽港建设为重点进行码头基础设施建设和航道整治,沿海港口和内河基础设施建设取得了显著成效。

2001—2010 年,海运基本适应经济社会发展,向海运强国转变:自我国加入 WTO 之后,一系列海运法规出台,海运业加快进入国际航运市场,海运发展基本适应经济社会发展的需要,规模跨上新台阶,形成海运强国发展框架。随着国内市场更加开放,对外贸易的国际环境进一步得到改善,中国参与世界经济的分工交换,经济对外依存度提高,大大促进了中国具有比较优势的产业发展,国际贸易运输量也得到了较大的提高。2002 年 6 月,上海港洋山深水港区一期工程开工建设,2005 年年底建成。

2011 年至今,面对新形势新要求,加快形成海运强国实力:从 2011 年至今是形成海运强国实力的关键时期,海运市场和海运规则新一轮调整,新能源、互联网等技术加快在海运应用,正在改变着海运生态。为实现"两个一百年"奋斗目标,国家提出了"创新、协调、绿色、开放、共享"五大发展理念,以及"一带一路"倡议、建设"海洋强国""贸易强国"和"交通强国"等发展战略,海运在国际事务中扮演着越来越重要的角色,同时对我国海运发展也提出新要求。2014 年国务院发布《关于促进海运业健康发展的若干意见》,提出了建设海运强国的目标和重点任务,这是新中国成立以来国家层面第一个关于海运业发展的顶层设计,标志着我国海运强国建设进入全新发展阶段。《中国港口运行分析报告(2024)》显示,2023 年中国外贸海运量已占全球海运量的

30.1%，较上年上升 2.2 个百分点，凸显中国外贸大国的地位。2023 北外滩国际航运论坛新闻发布会显示，我国船东拥有的船队规模达到 2.492 亿总吨，从总吨上成为世界最大船东国。（见表 1-1）

表 1-1　2011—2023 年海运发展重要节点事件

年份	日期	重要节点事件
2011	5 月 10 日	交通运输部与铁道部在北京签署《关于共同推进铁水联运发展合作协议》。
	6 月 8 日	中国青岛港、日照港、烟台港、威海港和韩国釜山港，正式签署了《中韩"4＋1"港口战略联盟运行章程》，共同打造东北亚国际物流枢纽和航运中心。
	6 月 28 日	作为全球首个航运运价第三方集中交易平台和电子交易平台，上海航运运价交易有限公司（SSEFC）正式运营。
2012	1 月 1 日	上海率先在交通运输业及部分现代服务业开展"营改增"试点。其中，交通运输业的税率为 11%，交通运输辅助业的税率为 6%。
	9 月 20 日	交通运输部发布《关于鼓励和引导水运行业民营企业境外投资和跨国经营的若干意见》。
	10 月 26 日	中国海事仲裁委员会上海分会历时 4 年完成的《航运标准合同系列（上海格式）》第一分册出版，这是我国首次系统出版航运标准合同。
2013	2 月 25 日	波罗的海国际航运公会（BIMCO）上海中心正式成立。这是首个入驻我国的国际航运组织，填补了上海尚未有国际公认的代表性航运组织入驻的空白。
	9 月 29 日	涵盖 4 个海关特殊监管区域的中国（上海）自由贸易试验区正式成立。
	9 月、10 月	习近平总书记先后提出共建"丝绸之路经济带"和"21 世纪海上丝绸之路"的倡议。这是经济全球化的大背景下，中国深化改革开放的创新之举。
2014	2 月	中远集运、长荣海运、川崎汽船、阳明海运和韩进海运，宣布共同组成 CKYHE 联盟，3 月 1 日正式成立。
	2 月 13 日	中远集团和中海集团签署战略合作框架协议，双方将在航运、码头、物流、船舶修造等领域，建立全面战略合作伙伴关系。
	7 月 11 日	中海集团下属公司中海集运、中海科技和阿里巴巴签署合作协议，共同打造以海运整箱国际物流运输服务为主的物流服务网络。
	8 月 15 日	国务院正式印发《关于促进海运业健康发展的若干意见》，这是国家针对海运业的首个顶层设计，也意味着海运业正式上升为国家战略。

（续表）

年份	日期	重要节点事件
2015	7 月 10 日	首届海丝港口国际合作论坛(简称"海丝论坛")在宁波举行,来自"21 世纪海上丝绸之路"沿线近 50 家港口单位及 300 多位嘉宾参与。
	8 月 28 日	浙江省海港投资运营集团有限公司在舟山揭牌,浙江海港一体化发展站上新起点。
	12 月 11 日	中远集团和中海集团旗下上市公司,披露两大航运集团初步重组方案。
	12 月 29 日	经国务院批准,中国外运长航集团整体并入招商局集团。
2016	2 月 18 日	中远海运集团在上海正式成立。新集团着力布局航运、物流、金融、装备制造、航运服务、社会化产业以及基于"互联网 + 相关业务"的商业模式创新的"6 + 1"产业集群。
	4 月 20 日	中远海运集运、达飞轮船、长荣海运、东方海外组建了海洋联盟,投入约 350 艘集装箱船,总运力达 350 万 TEU(标准箱)。
	6 月 15 日	《中国航务周刊》出版《集装箱运输 60 年特刊》,全景式回顾了海上集装箱运输业 60 年发展历程及辉煌时刻。
	6 月 26 日	巴拿马运河扩建后正式通航,中远海运集团旗下"中远海运巴拿马"轮,成为巴拿马运河扩建后的首航船只。
2017	5 月 14—15 日	"一带一路"国际合作高峰论坛在北京举行。这是我国首次以"一带一路"倡议为主题举办的高规格、大规模国际论坛。
	7 月 9 日	中远海运集团下属中远海控与上港集团联合宣布,将以每股 78.67 港元的价格,向东方海外国际全体股东发出附先决条件的自愿性全面现金收购要约。
	12 月 10 日	上海洋山深水港四期自动化码头正式开港试生产,这是全球最大的智能集装箱码头。
2018	1 月 16 日	由中远海运川崎船舶工程有限公司建造、国产首制具有完全自主知识产权的 20 000 TEU 级集装箱船"中远海运白羊座"轮,命名交付。
	4 月 13 日	党中央决定支持海南全岛建设自由贸易试验区,支持海南逐步探索、稳步推进中国特色自由贸易港建设。
	7 月 6 日	美国对 340 亿美元中国出口商品加征 25%的关税,中国同时实施反制措施。
	7 月 27 日	中远海控联合上港集团要约收购东方海外完成。
2019	2 月 19 日	上港集团与浙江海港集团签署《小洋山港区综合开发合作协议》,双方通过股权合作,共同推进小洋山综合开发。
	7 月 12 日	9 家港航企业与航运管理软件解决方案供应商"货讯通",签署全球航运商业网络(GSBN)服务协议。
	11 月 6 日	中远海运、马士基、长荣海运等 14 家企业和行业组织代表,共同发出"全球航运产业链合作"倡议。

（续表）

年份	日期	重要节点事件
2020	7 月	《关于加快天津北方国际航运枢纽建设的意见》正式印发,对于推动形成国内国际双循环相互促进的新格局,具有重要意义。
	7 月 11 日	《新华-波罗的海国际航运中心发展指数报告(2020)》发布,上海首次跻身国际航运中心排名前三强。
	11 月 15 日	《区域全面经济伙伴关系协定》(RCEP)正式签署,标志着世界上人口最多、经贸规模最大、最具发展潜力的自由贸易区,正式启航。
2021	3 月 5 日	政府工作报告提出将取消港口建设费。
	11 月 18 日	国务院发布关于同意在中国(上海)自由贸易试验区临港新片区暂时调整实施有关行政法规规定的批复,允许符合条件的境外国际集装箱班轮公司的非五星旗国际航行船舶,开展大连港、天津港、青岛港与上海港洋山港区之间,以上海港洋山港区为国际中转港的外贸集装箱沿海捎带业务试点。
	12 月 6 日	中国物流集团有限公司正式成立,这是我国唯一以综合物流作为主业的新央企。
2022	1 月 1 日	《区域全面经济伙伴关系协定》(RCEP)正式生效。
	8 月 28 日	平陆运河项目正式开工建设,这是我国首条江海联运战略大通道。该项目估算总投资 727.3 亿元,建设工期 54 个月。
2023	3 月 9 日	中国自主研制的全球最大集装箱船"地中海泰莎"轮交付。
	8 月	根据克拉克森的统计数据,按总吨位计算,中国船东所拥有的船队规模达到 2.492 亿总吨,首次超越希腊,成为全球第一大船东国。
	8 月 18 日	中国首个航运期货品种——集运指数(欧线)期货,正式挂盘交易。这是国内首个航运期货品种,首个服务类期货品种,也是首个在商品期货交易所上市的指数类、现金交割期货品种。
	11 月 4 日	我国首艘国产大型邮轮"爱达·魔都号"命名交付,已于 2024 年 1 月 1 日正式投入运营。

1.2 "21 世纪海上丝绸之路"发展概况

2013 年 10 月,习近平主席应邀在印度尼西亚国会发表重要演讲时强调:"中国愿同东盟国家加强海上合作,使用好中国政府设立的中国-东盟海上合作基金,发展好海洋合作伙伴关系,共同建设 21 世纪'海上丝绸之路'。"这是习近平主席首次提出"21 世纪海上丝绸之路"概念,同时也是以中国为核心的发展中国家本着构建人类命运共同体理念谋求发展的行动方案。

　　海洋是各国经贸文化交流的天然纽带,共建"21 世纪海上丝绸之路",是全球政治、贸易格局不断变化形势下,中国连接世界的新型贸易之路,同时也是在新形势下致力于维护世界和平、促进共同发展的战略选择。"21 世纪海上丝绸之路"的战略合作伙伴并不仅限于东盟,而是以点带线,以线带面,增进周边国家和地区的交往,串起连通东盟、南亚、西亚、北非、欧洲等各大经济板块的市场链,发展面向南海、太平洋和印度洋的战略合作经济带,以亚欧非经济贸易一体化为发展的长期目标,构建全方位、多层次、复合型的互联互通网络,实现沿线各国多元、自主、平衡、可持续的发展。

1.2.1　历史渊源

　　中华民族的航海足迹渊源悠久。古代的"海上丝绸之路"是东西方通过海路,以商贸为依托,承载文化、人文交流的和平之路。海上丝绸之路是一个演化概念,它由"陆上丝绸之路"一词演化而来。"丝绸之路"一词最早是由德国地理地质学家费迪南·冯·李希霍芬在对中国进行地理、地质考察之后,于 1877 年出版的《中国》中首次提出,并在地图上进行了标注,原是指中西陆上通道,因该通道上的主要贸易对象是丝绸而得名。根据《新唐书》记载,当时中国的东南沿海有一条通往东南亚、印度洋北部诸国、红海沿岸、东北非和波斯湾国的海上航道,即所谓的"广州通海夷道",这就是"海上丝绸之路"的最早叫法。1903 年法国汉学家沙畹(Edouard Chavannes,1865—1918)首先提出了"海上丝绸之路"的概念,他在其所著的《西突厥史料》中提出:"丝路有陆、海两道。北道出康居,南道为通印度诸港之海道。"

　　与陆上丝绸之路主要不同之处在于,海上丝绸之路贩运的商品种类更加多元化,除丝绸外,还有陶瓷、香料、茶叶等大宗货物,因而古代海上丝绸之路又被称为"海上瓷器之路""海上香料之路""海上茶叶之路"。归结起来,海上丝绸之路主要有东海航线、南海航线和西洋航线三条主线路。东海航线由中国沿海各港口出发到达日本、朝鲜等国家；南海航线则沟通了中国与东南亚国家间的贸易与文化往来；西洋航线所含线路最为复杂，沿着印度洋通向南亚、阿拉伯和东非诸国。

海上丝绸之路发展主要经历了以下几个阶段：

开创期：早在距今 6 000 年左右，先秦和南越国时期岭南地区的先民已经开始利用独木舟在近海开展海上活动，他们拥有很强的冒险精神和优秀的航海经验，足迹遍布太平洋和印度洋，马达加斯加、夏威夷、新西兰等地区均有涉及，其文化间接影响到印度洋沿岸及其岛屿。距今 5 000—3 000 年期间，东江北岸近百千米的惠阳平原，已经形成以陶瓷为纽带的贸易交往圈，并通过水路将其影响扩大到沿海和海外岛屿。先秦和南越国时期，岭南地区的海上交往为海上丝绸之路的形成奠定了基础。

形成期：西汉时期，南方南越国与印度半岛之间的海路已经开通，汉武帝灭南越国后依靠此条海路拓宽了海上贸易规模，此时海上丝绸之路兴起。《汉书·地理志》中记载："自日南障塞、徐闻、合浦船行……有译长，属黄门，与应募者俱入海市明珠、璧流离、奇石异物，赍黄金杂缯而往。……"这表明其航线从徐闻（今广东徐闻县境内）、合浦（今广西合浦县境内）出发，经南海进入马来半岛、暹罗湾、孟加拉湾，到达印度半岛南部的黄支国和已程不国（今斯里兰卡）。东汉时期，中国商人已经从广州出发与大秦（罗马帝国）进行了丝绸、瓷器以及香料等商品的贸易往来，广东成为这一时期丝绸之路的始发地，这标志着横跨亚、非、欧三大洲的、具有真正意义的海上丝绸之路的形成。

发展期：汉末的三国时期正处于海上丝绸之路从陆地转向海洋的承前启后与最终形成的关键时期，由于孙吴同曹魏、刘蜀出于在长江作战和海上交通的需要，积极发展水军力量，大力发展航海及造船技术，客观上推动了造船业、航海相关技术的发展，并积累了大量的航海技术的相关经验，为海上丝绸之路的发展提供了良好的条件。魏晋以后，开辟了沿海航线，这条航线从广州起航，经海南岛东面海域，其中穿过马六甲海峡，直接驶向印度洋、红海、波斯湾，成为当时世界上最远的航线，此时中国的对外贸易已经扩展到十五个国家和地区，这表明海上丝绸之路已经进入了发展期。

繁荣期：隋唐时期由于陆上丝绸之路被西域战火所阻碍,海上丝绸之路便代之而兴。到唐代伴随着中国造船航海技术的进一步发展以及中国往东南亚、马六甲海峡、印度洋、红海,及至非洲大陆的航路的纷纷开通与延伸,海上丝绸之路取代陆上丝绸之路成为中国对外交往的主要通道,通过这条通道向其他国家输出的商品主要包括丝绸、瓷器、茶叶以及铜铁器四大宗,往中国返回输进的则主要是香料、花草等一些宫廷赏玩的奇珍异宝。根据中西交通史专家张星烺统计,唐代每天抵广州的国外地区的船舶约 11 艘,一年约 4 000 艘,假设每艘船载客 200 人,则一年到达中国的则大约有 80 万人次,海上丝绸之路的发展进入了繁荣时期。

鼎盛期：宋代延续了隋唐对外开放的政策,使得造船和航海技术得到进一步提升,尤其是北宋时期指南针被用于航海,增强了远行航海的能力。此外,宋代在经济上推行的是重商主义政策,私人海外贸易在得到政府的鼓励和财政支持下得到了极大的发展,同中国进行贸易的国家和地区已经扩大到亚、非、欧、美各大洲,与中国有直接或间接交往的国家或地区多达 140 多个,并且制定了堪称中国历史上第一部系统性较强的外贸管理法则,海上丝绸之路发展进入鼎盛发展阶段。元明时期的中国由于政治中心在北方而经济中心在南方,先进的航海技术成为南北进行粮食、丝绸及瓷器交易的重要保障。在对外贸易方面,明朝中期的郑和率船队七下西洋,开创了中国远洋航海的新时代,这也标志着海上丝绸之路发展到了极盛时期。

衰落期：到了清代,由于清政府施行严苛的海禁政策,使得宋元时期形成的海上丝绸之路繁荣局面发生倒退,但同时比较幸运的一点是政府出于自身利益考虑,独留广州一口对外通商,广州成为海上丝绸之路进行对外贸易的唯一港口,因而广州与世界其他地区建立起了空前繁荣的贸易往来,而且一直保持并延续到鸦片战争前夕而不衰。在进口商品中,鸦片逐渐占据了首位,并从之前的走私到逐渐合法化。而在鸦片战争后,中国在与西方列强签订一系列不平等条约之后海权丧失,沦为西方列强的半殖民地,沿海口岸被迫开放,西方列强大肆掠夺中国资源并对中国丝、瓷、茶等商品的出口贸易采取极端垄断措施。从此,海上丝绸之路的发展一蹶不振,进入衰落期。

1.2.2　当代发展

2023 年是"一带一路"倡议提出十周年。十年来，共建"一带一路"倡议以"共商、共建、共享"为原则，以"和平合作、开放包容、互学互鉴、互利共赢"的丝绸之路精神为指引，以"政策沟通、设施联通、贸易畅通、资金融通、民心相通"为重点，以实现"高标准、可持续、惠民生"为目标，已经从理念转化为行动，从愿景转化为现实，从倡议转化为全球广受欢迎的公共产品。截至目前，中国已与 152 个国家和 32 个国际组织签署 200 多份合作文件，共建"一带一路"已先后写入联合国、亚太经合组织等多边机制成果文件，"一带一路"倡议为维护全球自由贸易体系和开放型世界经济，为推动文明交流互鉴、世界和平发展增添新动能。（见表 1-2）

表 1-2　共建"一带一路"重要节点事件

年份	日期	重要节点事件
2013	9 月 7 日	习近平在哈萨克斯坦纳扎尔巴耶夫大学发表题为《弘扬人民友谊 共创美好未来》的重要演讲，倡议共同建设"丝绸之路经济带"。
	10 月 3 日	习近平在印度尼西亚国会发表题为《携手建设中国-东盟命运共同体》的重要演讲，倡议筹建亚洲基础设施投资银行，共同建设"21 世纪海上丝绸之路"。
2014	9 月 11 日	习近平出席中俄蒙三国元首会晤时提出，将"丝绸之路经济带"同"欧亚经济联盟"、蒙古国"草原之路"倡议对接，打造中蒙俄经济走廊。
	12 月 29 日	丝路基金正式启动运作。丝路基金秉承"开放包容、互利共赢"的理念，为"一带一路"框架内的经贸合作和双边多边互联互通提供投融资支持。
2015	2 月 1 日	首次推进"一带一路"建设工作会议在北京召开，推进"一带一路"建设工作领导小组正式亮相。
	3 月 28 日	国家发展改革委、外交部、商务部联合发布《推动共建丝绸之路经济带和 21 世纪海上丝绸之路的愿景与行动》，从时代背景、共建原则、框架思路、合作重点、合作机制等方面对"一带一路"倡议进行阐释。
	4 月 20—21 日	习近平访问巴基斯坦期间，中巴确立以中巴经济走廊建设为中心，瓜达尔港、交通基础设施、能源、产业合作为重点的"1 + 4"合作布局，标志着中巴经济走廊项目正式启动。

（续表）

年份	日期	重要节点事件
2016	6 月 20 日	习近平同波兰总统杜达在华沙共同出席统一品牌的中欧班列首达欧洲(波兰)仪式,这是中欧班列使用统一品牌和标识后首次抵达欧洲。
	6 月 23 日	中国、俄罗斯、蒙古国三国元首共同见证签署了《建设中蒙俄经济走廊规划纲要》,这是共建"一带一路"框架下的首个多边合作规划纲要。
	11 月 17 日	"一带一路"倡议首次写入联合国大会决议,并得到 193 个会员国的一致赞同,体现了国际社会对共建"一带一路"倡议的普遍支持。
2017	1 月 8 日	习近平访问联合国日内瓦总部,发表《共同构建人类命运共同体》的主旨演讲,提出"构建人类命运共同体"。
	3 月 27 日	中国与新西兰签署"一带一路"合作协议。新西兰成为首个签署"一带一路"合作协议的西方发达国家。
	5 月 10 日	《共建"一带一路":理念、实践与中国的贡献》发布。进一步阐释"一带一路"建设的内涵、理念和实质,总结三年多来共建"一带一路"的丰富成果。
	5 月 14—15 日	首届"一带一路"国际合作高峰论坛举行。来自 29 个国家的国家元首、政府首脑与会,来自 140 多个国家和 80 多个国际组织的 1 600 多名代表参会,形成了 5 大类、76 大项、270 多项具体成果。
	6 月 19 日	《"一带一路"建设海上合作设想》发布。这是中国政府首次就推进"一带一路"建设海上合作提出中国方案。
	10 月 24 日	中共十九大通过关于《中国共产党章程(修正案)》的决议,推进"一带一路"建设等正式写入党章。
2018	1 月 22 日	中拉论坛第二届部长级会议期间,中拉双方发表《"一带一路"特别声明》,"一带一路"倡议得到拉美国家广泛认同。
	8 月 27 日	推进"一带一路"建设工作 5 周年座谈会召开。习近平发表重要讲话。
	9 月 3 日	中非合作论坛北京峰会召开。峰会达成共建"一带一路"重要共识,28 个非洲国家和非盟均与中国签订了"一带一路"政府间谅解备忘录。
	11 月 5—10 日	首届中国国际进口博览会举行。首届进博会吸引 172 个国家、地区和国际组织参会,3 600 多家企业参展。按一年计,累计意向成交 578.3 亿美元。

（续表）

年份	日期	重要节点事件
2019	3 月 23 日	中意签署"一带一路"合作文件。意大利成为首个加入"一带一路"倡议的七国集团(G7)成员国。
	4 月 22 日	《共建"一带一路"倡议：进展、贡献与展望》发布。这是中国政府全面反映"一带一路"建设进展情况的官方报告，也是第二届"一带一路"国际合作高峰论坛的重要成果之一。
	6 月 17 日	第十次中英经济财金对话期间,中英签署《关于开展第三方市场合作的谅解备忘录》。
2020	3 月 2 日	协调"一带一路"银行间常态化合作机制发布倡议，呼吁"一带一路"金融机构为全球抗击新冠疫情、保持经济稳定增长作出积极贡献。
	6 月 18 日	"一带一路"国际合作高级别视频会议举行。习近平在书面致辞中强调,愿同合作伙伴一道,把"一带一路"打造成团结应对挑战的合作之路、维护人民健康安全的健康之路、促进经济社会恢复的复苏之路、释放发展潜力的增长之路。
2021	1 月 25 日	世界经济论坛"达沃斯议程"对话会召开。习近平在北京以视频方式出席并发表题为《让多边主义的火炬照亮人类前行之路》的特别致辞。
	11 月 22 日	习近平以视频方式出席并主持中国-东盟建立对话关系 30 周年纪念峰会,发表题为《命运与共　共建家园》的重要讲话。
	12 月 3 日	中老铁路开通,在中国和东盟间构建起一条便捷的国际物流大通道。
2022	1 月 25 日	习近平在北京主持中国同中亚五国建交 30 周年视频峰会,并发表题为《携手共命运　一起向未来》的重要讲话。
	3 月 28 日	国家发展改革委等四部门联合印发《关于推进共建"一带一路"绿色发展的意见》。
2023	10 月 18 日	习近平在北京出席第三届"一带一路"国际合作高峰论坛开幕式,并发表题为《建设开放包容、互联互通、共同发展的世界》的主旨演讲。
	11 月 6 日	首届"一带一路"科技交流大会开幕。大会聚焦政府间科技合作、科技人文交流、产业创新发展、科研范式变革、未来医学、开放科学及大数据等议题。
	11 月 24 日	推进"一带一路"建设工作领导小组办公室发布《坚定不移推进共建"一带一路"高质量发展走深走实的愿景与行动——共建"一带一路"未来十年发展展望》。
	11 月 28 日 — 12 月 2 日	首届中国国际供应链促进博览会在北京开幕。博览会聚焦促进全球产业链供应链合作,注重绿色低碳发展、数字化转型,推动经济全球化健康发展。

政策沟通,构建协作。政策沟通是共建"一带一路"的重要保障和先导。中国与共建"一带一路"国家加强机制协同协作与战略对接,发挥政策沟通的引领和催化作用,着力推动规则、标准等制度型开放,探索促进共同发展的新道路。双边层面,中国推动与共建国家筹建贸易畅通工作组、投资合作工作组、建立服务贸易和电子商务合作机制、商事争端调解机制等,促进贸易便利化、合作常态化制度化。区域层面,中国不断加强区域合作,与东盟、上合组织、欧亚经济联盟、非洲联盟、海湾阿拉伯国家合作委员会、拉美和加勒比国家共同体等建立合作机制,推动共识建立,促进各方优势互补,构建与地区国家的命运共同体。2022 年 1 月 1 日,《区域全面经济伙伴关系协定》生效,为该地区贸易便利化和全球经济增长注入强大动力。多边层面,中国持续提升参与全球治理的能力,不仅有利于相关国家和地区的产业发展与资源利用、相互取长补短,而且对于构建更加公平合理的国际合作新秩序具有深远的意义。

设施联通,稳步推进。设施联通是共建"一带一路"的优先方向,是加强互联互通、推动全球发展的重要抓手。"一带一路"建设积极对接各方基础设施发展规划,以"六廊六路多国多港"为框架,建立以铁路、公路、航运、航空、管道、空间综合信息网络等为核心的全方位、多层次、复合型基础设施网络。一批关系共建国家经济发展、民生改善的标志性工程落地,如希腊比雷埃夫斯港、斯里兰卡科伦坡港、中老铁路、中马友谊大桥、非盟会议中心、蒙内铁路、亚吉铁路等。中欧班列和国际陆海贸易新通道从无到有,从弱到强,开创亚欧国际运输新格局,打造富有韧性的国际物流供应链。目前,中欧班列累计开行超过 7.7 万列,通达欧洲 25 个国家、200 多个城市。能源基础设施建设积极推进。中巴经济走廊默蒂亚里—拉合尔(默拉)输电项目正式送电,为当地工业生产提供坚实保障。中俄核能合作项目开工,成为高水平国际核能合作的典范。中国与沙特成功签约红海新城储能项目,助力沙特推进"2030愿景"和"国家转型计划"。信息联通水平不断提升。

贸易畅通,走深走实。贸易畅通是共建"一带一路"的重要内容。中国与共建"一带一路"国家的贸易合作不仅帮助这些国家开拓产品市场,促进贸易均衡发展,也优化中国产品的国际市场布局,提升中国在全球价值链分工中的地位。跨境电商、海外仓等新业态新模式的涌现,丰富和拓展了"一带一路"经贸合作的内容。据中国海关统计,中国跨境电商占外贸比重由 2015 年的不到 1% 增至 2022 年的 5% 左右。贸易自由化便利化水平持续提升。2013 年到 2022 年,中国同共建"一带一路"国家年度贸易额从 1.04 万亿美元扩大到 2.07 万亿美元。在投资方面,我国与共建国家双向投资累计超过2 700 亿美元,截至 2022 年底,我国企业在共建国家建设的境外经贸合作区累计投资达 571.3 亿美元,为当地创造 42.1 万个就业岗位。通过"一带一路"倡议的推动,中国对外贸易与投资合作从重视发达国家改变为发达国家与发展中国家并重,中国与发展中国家形成稳固的经贸关系,开创能够有效对冲国际价格波动影响的产业链,并为全球经贸发展作出中国贡献。

资金融通,互惠互利。资金融通是共建"一带一路"的重要支撑。中国同共建"一带一路"国家和多边开发性金融机构开展多种形式的金融合作,涉及能源、交通、通信、农业、公共卫生、水资源等基建领域,通过不断探索创新投融资模式,建立健全资金支持体系,为共建"一带一路"提供稳定、透明、高质量的金融服务。2017 年"一带一路"国际合作高峰论坛发布《"一带一路"融资指导原则》,建议有序开放地方和区域金融市场,逐步扩大银行、保险和债券市场准入,加强跨境监管,以增加跨境资本流动。中国倡导创立的金砖国家新开发银行、亚洲基础设施投资银行分别于 2015 年、2016 年开业,对于改革目前的国际金融秩序,加强发展中国家的权重,具有重要意义。此外,中国还发起设立多项对外投融资基金,如丝路基金、中拉产能合作投资基金、中非产能合作基金、中国-欧亚经济合作基金等,为"一带一路"建设提供长期、稳定的资金支持。共建"一带一路"推动人民币国际化进程。截至 2021 年末,中国人民银行已经与 40 个国家和地区的中央银行或货币当局签署双边本币互换协议,总金额超过 4 万亿元,有效金额 3.54 万亿元。

民心相通,筑牢根基。民心相通是共建"一带一路"的人文基础。十年来,民心相通取得巨大成就。中国与共建"一带一路"国家签订政府间文化交流合作协定、文旅协定,打造"一带一路"文化年、旅游年、艺术节、智库论坛等一批具有示范效应的品牌活动,带动政党、智库、城市、青年团体、社会组织等多个主体的广泛参与。创新性地在"一带一路"框架下建立各类联盟,如"一带一路"智库合作联盟、"一带一路"高校战略联盟、"一带一路"新闻合作联盟、"一带一路"国际科学合作联盟、"一带一路"国际商会协作联盟、"一带一路"国际交通联盟等,带动联盟成员间不同地方和不同群体的参与和交流。统筹推进"一带一路"教育共同行动,实施"丝绸之路"奖学金计划、"丝绸之路"教育援助计划等。中国"一带一路"人文交流活动的持续推进,使共建国家能够更好地了解中国,了解"一带一路"倡议及其核心理念,对内宣介共建国家的历史文化、风土人情,为文明互鉴、中国与共建国家的民心相通打下良好基础。

1.3　海运强国与"21 世纪海上丝绸之路"的内在联系

海运强国与"21 世纪海上丝绸之路"之间存在着协同推进、深度融合的紧密联系,两者互为支撑、相辅相成,共同构成了我国对外开放和区域合作的重要框架。海运强国为"21 世纪海上丝绸之路"提供了强大的物流支撑和保障,"21 世纪海上丝绸之路"也为海运强国的发展增添了新的动力和机遇。

海运强国与"21 世纪海上丝绸之路"存在深厚的历史渊源。回溯至古代,我国作为一个海洋大国,曾拥有过强大的海上力量,航海技术和海上贸易活动相当发达,尤其是宋元明清时期,中国商船活跃于东亚、东南亚乃至更远的地方,建立了广泛的贸易网络。海上丝绸之路作为连接东西方的重要商贸和文化交流通道,见证了中国与世界其他地区之间的和平交往和互利合作,不仅展示了中国在古代海上贸易中的重要地位,也体现了中国与世界各国友好交往的传统。海运强国与"21 世纪海上丝绸之路"均是植根于中国作为海洋大国悠久的航海传统之上,体现了对古代丝绸之路精神的继承与发展,这一精神在当代转化为推动区域经济一体化、文化交流和政治互信的动力,致力于构建一个开放、包容、互利共赢的国际海运新秩序,两者在历史与现代的交汇中,彰显了中国积极参与全球治理、贡献中国智慧和中国方案的决心与行动。

海运强国与"21 世纪海上丝绸之路"具有高度的战略一致性。海运强国与"21 世纪海上丝绸之路"在战略内涵上具有很多的共同点。改革开放以来,我国已基本发展成为一个海洋大国。从航海角度观察，我国已建成一支名列世界前茅的远洋商船队，并正在建设一支现代化远洋海军。党的十八大确立了建设海洋强国的国家战略，海运强国是建设海洋强国的重要内容。"21 世纪海上丝绸之路"是一条物流、商流、资金流、技术流、信息流等多流融汇的经济走廊，将促进经济要素在沿线各国或地区间有序自由流动、资源高效配置和市场深度融合，共同打造开放、包容、均衡、普惠的区域经济合作架构，而海运是推动此框架建设最重要的纽带。因而，海运强国与"21 世纪海上丝绸之路"的关键要素都是海运，两者均旨在通过海运能力的提升，共同推动着区域乃至全球的和平与发展，展现了中国在全球治理中所扮演的积极角色，为构建开放型世界经济、促进全球贸易和文化交流作出重要贡献。

"21 世纪海上丝绸之路"为推进海运强国带来新机遇。随着全球贸易的发展，海运业已成为基础性产业。我国现在是举世公认的海运大国，但还不是一个海运强国，距离建成具有显著国际影响力与竞争力的海运强国还有很长的路要走。"21 世纪海上丝绸之路"的提出，对于提升我国海运国际竞争力与推动海运业的转型升级，提供了强劲动力与绝佳机遇。一方面，随着"21 世纪海上丝绸之路"的深入推进，海运通道的畅通需求进一步增强，政府部门对海运发展的重视程度日益提升，为推动海运强国的高质量发展创造良好政策环境；另一方面，作为连接国内外商贸、物流仓储及信息服务的重要载体，港口在"21 世纪海上丝绸之路"中发挥着日益重要的作用，正积极延伸服务产业链条，加强与城市及区域上下游产业的联动发展，这也进一步加快了海运业转型升级的步伐，为深入推进海运强国建设提供坚实保障。

推进"21 世纪海上丝绸之路"对海运强国建设提出新要求。为更好地推进"21 世纪海上丝绸之路"建设，海运强国建设面临着新要求，需要承担新使命。从海上运输保障能力看，要立足自身发展现状，对标国际发展水平，打造保障有力的运输服务船队，完善海上运输航线与服务网络，提高运输便利化水平，强化海上运输通道安全与搜救能力建设，提升现代化发展能力和水平，打造畅通安全高效的运输大通道。从产业协调联动发展看，要将海运发展作为优先发展的领域，立足海运主业，加快推进航运金融、保险、交易、咨询等发展，依托海上运输服务积极吸纳商品、资金、技术、信息等并融入海运物流平台,充分发挥海运在"21 世纪海上丝绸之路"中的主体功能作用,形成整体竞争优势。从国际交流合作看,要充分发挥海运大通道的桥梁纽带作用,有效增强我国与沿线国家或地区间的交流合作,在实现政策沟通、设施联通、贸易畅通、资金融通、民心相通等方面发挥基础性支撑和引领示范作用。

第 2 章
"21 世纪海上丝绸之路"沿线发展概况

2015 年 3 月,国家发展改革委、外交部、商务部联合发布的《推动共建丝绸之路经济带和 21 世纪海上丝绸之路的愿景与行动》提出:"21 世纪海上丝绸之路"重点建设方向是从中国沿海港口过南海到印度洋,延伸至欧洲,以及从中国沿海港口过南海到南太平洋。21 世纪海上丝绸之路建设的目标是将中国沿海地区与亚洲、非洲、欧洲等大部分国家沿海港口连接起来,形成一个覆盖范围广泛的经济圈,其范围辐射东南亚、南亚、中东欧、西亚、北非、东非、大洋洲等地区。

2.1 沿线国家与地区

根据"21 世纪海上丝绸之路"重点建设方向,沿线国家的名单如表 2-1 所示,共 112 个国家。但是,"21 世纪海上丝绸之路"战略是开放合作与和谐包容的,随着"21 世纪海上丝绸之路"战略内涵的不断发展与不断延伸,"21 世纪海上丝绸之路"的空间范围也将做进一步的拓展。

表 2-1 "21 世纪海上丝绸之路"沿线国家

所属大洲	国家
亚洲	阿联酋、阿曼、巴基斯坦、巴林、东帝汶、菲律宾、韩国、柬埔寨、卡塔尔、科威特、黎巴嫩、马尔代夫、马来西亚、孟加拉国、缅甸、沙特阿拉伯、斯里兰卡、泰国、土耳其、文莱、新加坡、叙利亚、也门、伊拉克、伊朗、印度尼西亚、约旦、越南

（续表）

所属大洲	国家
非洲	阿尔及利亚、埃及、安哥拉、贝宁、赤道几内亚、多哥、厄立特里亚、佛得角、冈比亚、刚果(布)、刚果(金)、吉布提、几内亚、几内亚比绍、加纳、加蓬、喀麦隆、科摩罗、科特迪瓦、肯尼亚、利比里亚、利比亚、马达加斯加、毛里塔尼亚、摩洛哥、莫桑比克、纳米比亚、尼日利亚、塞拉利昂、塞内加尔、塞舌尔、圣多美和普林西比、索马里、坦桑尼亚、突尼斯、赞比亚
欧洲	阿尔巴尼亚、爱沙尼亚、波黑、波兰、俄罗斯、黑山、克罗地亚、拉脱维亚、立陶宛、罗马尼亚、马耳他、葡萄牙、塞浦路斯、斯洛文尼亚、希腊、意大利
北美洲	安提瓜和巴布达、巴巴多斯、巴拿马、多米尼加、多米尼克、格林达纳、哥斯达黎加、古巴、洪都拉斯、尼加瓜拉、萨尔瓦多、特立尼达和多巴哥、牙买加
南美洲	阿根廷、秘鲁、厄瓜多尔、圭亚那、苏里南、委内瑞拉、乌拉圭、智利
大洋洲	巴布亚新几内亚、斐济、基里巴斯、库克群岛、密克罗尼西亚联邦、纽埃、萨摩亚、所罗门群岛、汤加、瓦努阿图、新西兰

资料来源：根据中国一带一路网数据整理。

从"21 世纪海上丝绸之路"建设的重点方向入手，考虑到沿线国家在推动建设"21 世纪海上丝绸之路"过程中所起的沟通作用，重点选取沿线 57 个国家作为研究对象。将途经国家主要分为七大区域，包括东南亚、南亚、中东欧、西亚、北非、东非和大洋洲。东南亚主要包括印度尼西亚、泰国、马来西亚、越南、新加坡等 10 个国家；南亚有巴基斯坦、孟加拉国、斯里兰卡和马尔代夫；中东欧涵盖波兰、保加利亚、俄罗斯等 12 个国家；西亚包括沙特阿拉伯、阿联酋、以色列、伊拉克等 15 个国家；北非有埃及、摩洛哥、苏丹等 6 个国家；东非有厄立特里亚、吉布提、索马里、肯尼亚、坦桑尼亚；大洋洲主要有新西兰、斐济等 5 个国家。七大区域涉及的主要国家见表 2-2。

表 2-2 "21 世纪海上丝绸之路"沿线七大区域主要相关国家

区域	国家
东南亚(10 国)	印度尼西亚、泰国、马来西亚、越南、新加坡、菲律宾、缅甸、柬埔寨、文莱、东帝汶
南亚(4 国)	巴基斯坦、孟加拉国、斯里兰卡、马尔代夫
中东欧(12 国)	波兰、罗马尼亚、保加利亚、拉脱维亚、立陶宛、斯洛文尼亚、爱沙尼亚、克罗地亚、阿尔巴尼亚、黑山、乌克兰、俄罗斯

（续表）

区域	国家
西亚（15 国）	沙特阿拉伯、阿拉伯联合酋长国、阿曼、伊朗、土耳其、科威特、伊拉克、卡塔尔、约旦、黎巴嫩、巴林、也门、叙利亚、格鲁吉亚、塞浦路斯
北非（6 国）	埃及、利比亚、突尼斯、阿尔及利亚、摩洛哥、苏丹
东非（5 国）	厄立特里亚、吉布提、索马里、肯尼亚、坦桑尼亚
大洋洲（5 国）	巴布亚新几内亚、新西兰、斐济、瓦努阿图、汤加

2.2 经济发展总体情况

从全球视角来看，根据世界银行数据显示，2015 年至 2022 年全世界 GDP 增长率整体呈现出上升的趋势，在 2022 年达到最高点；2015 年时，世界 GDP 增长率为负；2016—2019 年，世界 GDP 总量均稳步增长；2020 年由于新冠疫情原因，导致世界 GDP 总量出现负增长的情况；2021 年和 2022 年 GDP 总量又得到回升（见图 2-1）。从"21 世纪海上丝绸之路"沿线国家时间来看，如图 2-2 所示，在 2015—2022 年间，"21 世纪海上丝绸之路"沿线国家 GDP 总额占世界 GDP 总额始终保持在 12% 以上，这表明"21 世纪海上丝绸之路"沿线重点国家对世界经济的增长具有重要的拉动作用。

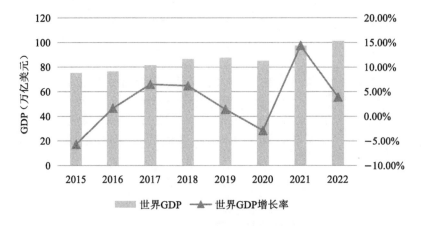

图 2-1　2015—2022 年世界 GDP 及增长率

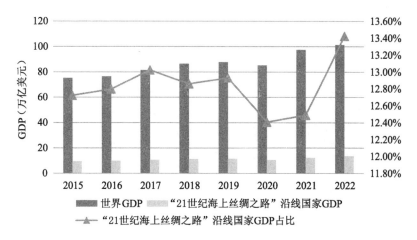

图 2-2 2015—2022 年世界 GDP 与"21 世纪海上丝绸之路"沿线国家 GDP

2.3 交通运输发展总体情况

"21 世纪海上丝绸之路"沿线涉及国家众多,覆盖人口众多,沿线国家经济总量巨大,其中大部分国家为发展中国家,经济差异明显,基础设施落后,交通运输条件存在较大差距。"21 世纪海上丝绸之路"沿线国家中普遍呈现高收入国家交通运输发展较好,低收入国家交通运输发展较差的情况。使用物流绩效指数和班轮运输连通性指数来分析"21 世纪海上丝绸之路"沿线国家的交通运输状况,其中物流绩效指数主要关注国家的物流发展水平,班轮运输连通性指数关注国家与全球航运网络的联通程度。

1. 物流绩效指数

物流绩效指数(Logistics Performance Index,简称 LPI)在 2007 年由世界银行提出,得分高的国家其贸易成本较低,与全球价值链的连接也更好。物流绩效的评价涉及诸多方面,其中关键因素包括:海关清关效率、其他边境机构办事效率、基础设施建设水平、国际运输能力、物流质量与竞争力、跟踪国际货物运输能力。因此,可通过对搜集的 LPI 进行数据分析,了解"21 世纪海上丝绸之路"沿线国家的交通运输基本情况。根据世界银行 2023 年发布的《物流绩效指数报告》，表 2-2 所示的 57 个国家中，有 43 个国家参与物流绩效指数评比，其分值见表 2-3。

表 2-3 "21 世纪海上丝绸之路"沿线国家物流绩效指数

国家	物流绩效指数	海关效率	基础设施	国际货运	物流质量与竞争力	及时性	跟踪与追溯
印度尼西亚	3.0	2.8	2.9	3.0	2.9	3.3	3.0
泰国	3.5	3.3	3.7	3.5	3.5	3.5	3.6
马来西亚	3.6	3.3	3.6	3.7	3.7	3.7	3.7
越南	3.3	3.1	3.2	3.3	3.2	3.3	3.4
新加坡	4.3	4.2	4.6	4.0	4.4	4.3	4.4
菲律宾	3.3	2.8	3.2	3.1	3.3	3.9	3.3
柬埔寨	2.4	2.2	2.1	2.3	2.4	2.7	2.8
孟加拉国	2.6	2.3	2.3	2.6	2.7	3.0	2.4
斯里兰卡	2.8	2.5	2.4	2.8	2.7	3.3	3.0
波兰	3.6	3.4	3.5	3.3	3.6	3.9	3.8
罗马尼亚	3.2	2.7	2.9	3.4	3.3	3.6	3.5
保加利亚	3.2	3.1	3.1	3.0	3.3	3.5	3.3
拉脱维亚	3.5	3.3	3.3	3.2	3.7	4.0	3.6
立陶宛	3.4	3.2	3.5	3.4	3.6	3.6	3.1
斯洛文尼亚	3.3	3.4	3.6	3.4	3.3	3.3	3.0
爱沙尼亚	3.6	3.2	3.5	3.4	3.7	4.1	3.8
克罗地亚	3.3	3.0	3.0	3.6	3.4	3.2	3.4
阿尔巴尼亚	2.5	2.4	2.7	2.8	2.3	2.5	2.3
黑山	2.8	2.6	2.5	2.8	2.8	3.2	3.2
乌克兰	2.7	2.4	2.4	2.8	2.6	3.1	2.6
俄罗斯	2.6	2.4	2.7	2.3	2.6	2.9	2.5
沙特阿拉伯	3.4	3.0	3.6	3.3	3.3	3.6	3.5
阿联酋	4.0	3.7	4.1	3.8	4.0	4.2	4.1

（续表）

国家	物流绩效指数	海关效率	基础设施	国际货运	物流质量与竞争力	及时性	跟踪与追溯
阿曼	3.3	3.0	3.2	3.4	3.2	3.1	3.9
伊朗	2.3	2.2	2.4	2.4	2.1	2.7	2.4
土耳其	3.4	3.0	3.4	3.4	3.5	3.6	3.5
科威特	3.2	3.2	3.6	3.2	2.9	2.8	3.3
伊拉克	2.4	2.1	2.2	2.5	2.2	3.0	2.4
卡塔尔	3.5	3.1	3.8	3.1	3.9	3.5	3.6
巴林	3.5	3.3	3.6	3.1	3.3	4.1	3.4
也门	2.2	1.7	1.9	1.7	2.6	2.8	2.3
叙利亚	2.3	2.2	2.2	2.3	2.2	2.5	2.3
格鲁吉亚	2.7	2.6	2.3	2.7	2.6	3.1	2.8
塞浦路斯	3.2	2.9	2.8	3.1	3.2	3.5	3.4
埃及	3.1	2.8	3.0	3.2	2.9	3.6	2.9
利比亚	1.9	1.9	1.7	2.0	1.9	2.2	1.8
阿尔及利亚	2.5	2.3	2.1	3.0	2.2	2.6	2.5
苏丹	2.4	2.1	2.3	2.4	2.4	2.7	2.3
吉布提	2.7	2.6	2.3	2.5	2.8	3.6	2.7
索马里	2.0	1.5	1.9	2.4	1.8	2.3	1.8
巴布亚新几内亚	2.7	2.4	2.4	2.6	2.7	3.3	3.0
新西兰	3.6	3.4	3.8	3.2	3.7	3.8	3.8
斐济	2.3	2.3	2.2	2.3	2.3	2.3	2.2

　　根据数据资料分析，"21 世纪海上丝绸之路"沿线国家总体交通运输状况差距较为明显。从报告总体结果来看，发达国家的 LPI 较高，LPI 排名靠后主要以低收入国家为主，特别是北非、东非和西亚地区的内陆国家。在东南亚地区中，新加坡作为全球主要运输和物流枢纽之一，其 LPI 位居世界第 1，但柬埔寨的 LPI 相对较低，仅排名第 116 位。（见图 2-3 到图 2-9）

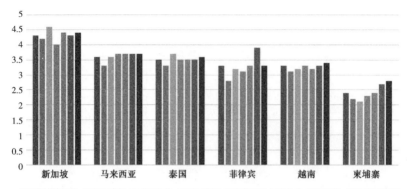

图 2-3 东南亚地区物流绩效指数

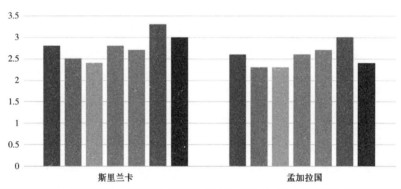

图 2-4 南亚地区物流绩效指数

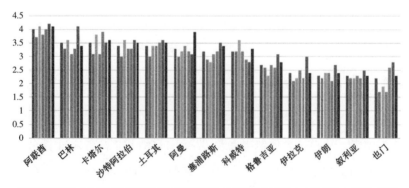

图 2-5 西亚地区物流绩效指数

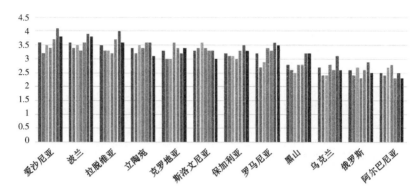

图 2-6　中东欧地区物流绩效指数

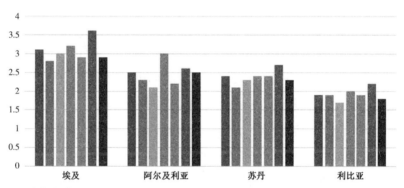

图 2-7　北非地区物流绩效指数

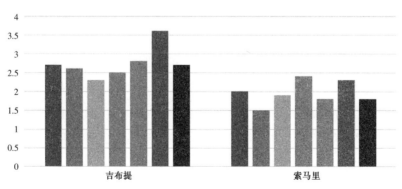

图 2-8　东非地区物流绩效指数

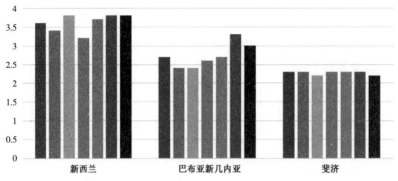

图 2-9　大洋洲物流绩效指数

由图 2-3 到图 2-9 可知：

在海关效率方面，东南亚区域新加坡的海关效率极高，柬埔寨等国家则相对较低；西亚区域阿联酋等高收入国家海关效率较高，伊拉克、也门等低收入国家海关效率较低；中东欧区域整体海关效率中等，存在国家间差异；北非区域普遍较低；东非区域海关效率普遍不高，影响整体物流效率；大洋洲区域新西兰等国海关效率较高，但巴布亚新几内亚等则较低。

在基础设施方面，东南亚区域新加坡的基础设施极为完善，但其他国家的基础设施水平参差不齐；西亚区域阿联酋等国家基础设施较好，伊拉克、也门等低收入国家基础设施较为落后；中东欧区域整体基础设施水平中等，仍需提升以支持物流发展；北非区域基础设施普遍较差，限制了物流效率的提升；东非区域基础设施发展滞后，是制约物流发展的主要因素之一；大洋洲区域新西兰等国家基础设施较好，但巴布亚新几内亚等仍需加强。

在国际货运方面，东南亚区域新加坡作为国际货运枢纽，国际货运能力强大，但其他国家相对较弱；西亚区域阿联酋等海湾国家的国际货运能力较强，伊拉克等内陆国家则较弱；中东欧区域整体国际货运能力中等，存在提升空间；北非区域国际货运能力普遍较弱，与基础设施和经济发展水平相关；东非区域国际货运能力较差，需要改善运输网络和物流基础设施；大洋洲区域新西兰等国国际货运能力较强，区域内也存在差异。

在物流质量与竞争力方面，东南亚区域新加坡的物流质量与竞争力极高,成为区域标杆,但其他国家需要努力提升;西亚区域阿联酋等国家物流质量与竞争力较强,但低收入国家相对较弱;中东欧区域整体物流质量与竞争力中等,需通过改善基础设施和提高服务水平来提升;北非区域物流质量与竞争力普遍较差,需要全面提升;东非区域物流质量与竞争力较低,是区域发展的瓶颈之一;大洋洲区域新西兰等国物流质量与竞争力较强,但巴布亚新几内亚等仍需加强。

在及时性方面,东南亚区域新加坡等物流发达的国家在及时性方面表现优异,但其他国家需提升;西亚区域阿联酋等国家在及时性方面表现较好,但内陆和低收入国家可能面临挑战;中东欧区域整体及时性中等,存在国家间差异;北非区域及时性普遍较差,可能与基础设施和物流管理水平有关;东非区域及时性较低,需要通过改善基础设施和物流流程来提升;大洋洲区域新西兰等国在及时性方面表现较好,但区域内也存在差异。

在跟踪与追溯方面,东南亚地区在跟踪与追溯方面表现相对较好,尤其是新加坡,为国际贸易和物流提供了强大的支持;西亚地区在跟踪与追溯方面的表现中等偏上,阿联酋等高收入国家做得相对较好;中东欧地区在跟踪与追溯方面的表现较为均衡;北非和东非地区在跟踪与追溯方面的表现普遍较差,这与该区域的基础设施建设、经济发展水平有关。大洋洲地区在跟踪与追溯方面的表现中等偏上,但也存在区域间差异。

2. 班轮运输连通性指数

联合国贸发会(UNCTAD)提供的班轮运输连通性指数(Liner Shipping Connectivity Index,简称 LSCI)是衡量各国与全球航运网络的连通程度的重要指标,它是由所有通过常规集装箱班轮提供服务的国家生成的,各国能否进入世界市场很大程度上取决于其运输连通性,特别是制成品进出口的定期运输服务。指数值越高,代表连通性越好。2019 年,LSCI 扩大了国家覆盖范围,并将无需转运(直航)的国家的数量也纳入衡量指标中。从 2020 年开始,该指数按季度发布,当前指数从以下六个方面计算生成:①该国每周计划的船舶停靠数量;②该国年度作业能力(TEU);③往返该国的定期班轮数量;④提供往返该国的班轮运输公司的数量;⑤计划停靠班轮船舶的平均尺寸

（以 TEU 计）；⑥通过直航班轮连通到该国的其他国家的数量。

2023 年得分排在前五名的分别是中国、新加坡、马来西亚、越南、阿联酋。中国的班轮运输连通性指数从 2019 年到 2023 年一直世界排名第一，且得分远远高于其他国家。在"21 世纪海上丝绸之路"沿线国家中，各个国家的班轮运输连通性指数分值差异较大，反映出各国与全球航运网络的连通程度存在不均衡的情况。中国、新加坡、马来西亚、阿联酋、越南、斯里兰卡、摩洛哥等几个国家的班轮运输连通性指数始终保持在全球前 20 名的领先位置，其中新加坡和马来西亚因地处有"海上十字路口"之称的马六甲海峡，因而班轮运输连通性指数得分一直保持在榜单的第二名和第三名的位置，得分较为稳定且远高于第四名。此外，在"21 世纪海上丝绸之路"沿线国家中，黑山、汤加、厄立特里亚、格鲁吉亚、阿尔巴尼亚等国连通性指数得分较低，排名较为落后，与其他地区差距明显。中国与"21 世纪海上丝绸之路"沿线国家近几年班轮运输连通性指数情况见表 2-4。

表 2-4 "21 世纪海上丝绸之路"沿线国家班轮运输连通性通指数排名情况

排名	国家	2019 Q4	国家	2021 Q4	国家	2023 Q4
1	中国	1 004.05	中国	1 115.46	中国	1 191.26
2	新加坡	558.45	新加坡	563.99	新加坡	600.47
3	马来西亚	463.65	马来西亚	469.11	马来西亚	504.14
4	越南	311.21	越南	355.68	越南	414.6
5	阿联酋	280.1	阿联酋	260.31	阿联酋	307.64
6	泰国	245.11	土耳其	234.64	沙特阿拉伯	291.26
7	土耳其	232.19	斯里兰卡	232.35	土耳其	284.51
8	印度尼西亚	225.16	沙特阿拉伯	222.07	泰国	265.73
9	埃及	217.79	摩洛哥	218.34	埃及	265.54
10	沙特阿拉伯	215.95	泰国	218.16	摩洛哥	252.99
11	斯里兰卡	212.15	埃及	206.05	斯里兰卡	243.74
12	摩洛哥	202.85	印度尼西亚	196.96	印度尼西亚	224.6
13	俄罗斯	192.09	俄罗斯	178.85	菲律宾	185.25

（续表）

排名	国家	2019 Q4	国家	2021 Q4	国家	2023 Q4
14	菲律宾	165.41	菲律宾	150.6	俄罗斯	163.84
15	阿曼	146.62	阿曼	144.6	巴基斯坦	149.45
16	波兰	124.33	波兰	133.45	阿曼	148.73
17	巴基斯坦	111.31	巴基斯坦	120.94	波兰	133.53
18	黎巴嫩	99.23	新西兰	98.68	黎巴嫩	107.74
19	新西兰	91.48	卡塔尔	94.12	卡塔尔	106.66
20	卡塔尔	87.83	黎巴嫩	92.53	新西兰	106.62
21	斯洛文尼亚	75.38	孟加拉国	77.97	吉布提	87.79
22	吉布提	75.04	乌克兰	71.67	孟加拉国	79.46
23	阿尔及利亚	73.24	吉布提	71.32	斯洛文尼亚	75.22
24	约旦	67.12	斯洛文尼亚	69.44	伊拉克	73.65
25	乌克兰	65.12	约旦	69.44	约旦	72.17
26	伊拉克	63.08	伊拉克	67.42	罗马尼亚	69.98
27	克罗地亚	62.1	阿尔及利亚	62.91	阿尔及利亚	68.65
28	肯尼亚	61.83	罗马尼亚	61.91	肯尼亚	67.68
29	孟加拉国	60.25	克罗地亚	61.06	克罗地亚	61.12
30	罗马尼亚	58.99	立陶宛	60.22	伊朗	60.72
31	塞浦路斯	57.98	肯尼亚	56.04	坦桑尼亚	60.42
32	利比亚	56	伊朗	55.99	立陶宛	59.99
33	伊朗	52.42	利比亚	53.2	巴林	54.48
34	立陶宛	51.68	巴林	52.84	利比亚	52.21
35	坦桑尼亚	51.05	塞浦路斯	51.11	巴布亚新几内亚	49.36
36	巴布亚新几内亚	43.55	坦桑尼亚	50	柬埔寨	46.54
37	科威特	40.82	巴布亚新几内亚	44.59	塞浦路斯	46.16
38	突尼斯	38.01	斐济	38.71	缅甸	46.04

（续表）

排名	国家	2019 Q4	国家	2021 Q4	国家	2023 Q4
39	缅甸	37.53	爱沙尼亚	35.29	斐济	41.08
40	斐济	37.48	拉脱维亚	33.39	拉脱维亚	40.63
41	爱沙尼亚	36.63	缅甸	32.74	科威特	38.97
42	拉脱维亚	33.95	索马里	32.37	索马里	38.63
43	柬埔寨	32.65	柬埔寨	32.23	突尼斯	29.38
44	叙利亚	32.39	科威特	32.05	保加利亚	29.27
45	索马里	28.06	汤加	28.63	汤加	29.02
49	巴林	24.16	突尼斯	27.5	爱沙尼亚	27.9
47	保加利亚	24.02	叙利亚	24.96	格鲁吉亚	26.79
48	瓦努阿图	23.49	瓦努阿图	24.19	叙利亚	25.99
49	苏丹	22.99	文莱	22.65	瓦努阿图	25.09
50	格鲁吉亚	22.29	苏丹	21.86	文莱	24.98
51	文莱	22.24	保加利亚	21.69	苏丹	24.9
52	汤加	21.02	马尔代夫	19.46	也门	20.09
53	也门	20.67	也门	18.1	马尔代夫	18.89
54	阿尔巴尼亚	19.52	格鲁吉亚	17.73	黑山	14.44
55	马尔代夫	17.51	阿尔巴尼亚	15.02	阿尔巴尼亚	13.24
59	黑山	15.48	黑山	14.3	东帝汶	11.92
57	东帝汶	11.27	东帝汶	10.42	厄立特里亚	9.1
58	厄立特里亚	9.41	厄立特里亚	6.41	乌克兰	7.35

第 3 章
我国与"21 世纪海上丝绸之路"
沿线国家海运贸易

我国与"21 世纪海上丝绸之路"沿线国家海运贸易往来频繁,贸易自由化与便利化水平不断提高,贸易新业态模式不断涌现,为全球开放合作、世界经济复苏注入了全新动能。在我国的对外海运贸易中,原油、液化天然气、铁矿石等大宗战略物资的进口占据较大比重,其进口量庞大且保持稳定增长态势,对于满足国内能源和原材料需求,促进经济发展具有重要意义。

3.1　我国与沿线国家贸易发展总体情况

根据海关总署数据,2023 年,我国与共建"一带一路"国家进出口达到 19.47 万亿元规模,同比增长 2.8%,占我国外贸总值的 46.6%,规模和占比均为"一带一路"倡议提出以来最高水平。

以"21 世纪海上丝绸之路"沿线重点国家作为研究对象,根据数据统计,2015 年到 2023 年我国与"21 世纪海上丝绸之路"沿线国家进出口总额整体呈上升趋势。2022 年,"21 世纪海上丝绸之路"沿线国家对中国的进出口总额达到最高的 1.82 万亿美元,与此同时,"21 世纪海上丝绸之路"沿线国家进出口总额占我国全年进出口总额比重整体不断提升,2022 年达到最高的 31.12%。

从"21 世纪海上丝绸之路"沿线国家对中国的出口情况来看,在 2016 年、

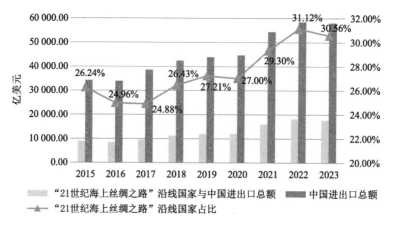

图 3-1 "21 世纪海上丝绸之路"沿线国家与中国进出口总额

2020 年、2023 年有所下降，但整体呈上升趋势，从 2015 年的 3 540.75 亿美元到 2023 年的 7 764.34 亿美元，且"21 世纪海上丝绸之路"沿线国家向中国的出口额占中国进口额的比值呈现明显的上升趋势。从"21 世纪海上丝绸之路"沿线国家从中国进口的情况来看，从中国的进口额不断提升，从 2015 年的 5 431.51 亿美元增加至 2023 年的 9 980.66 亿美元，"21 世纪海上丝绸之路"沿线国家从中国的进口额占中国出口额的比例呈现出先下降再升高的趋势，比例在 2017 年降至最低 25.59%，此后逐年上升，到 2023 年上升至 30.20%。（见图 3-1、图 3-2、图 3-3）

图 3-2 "21 世纪海上丝绸之路"沿线国家对中国出口额与中国进口额

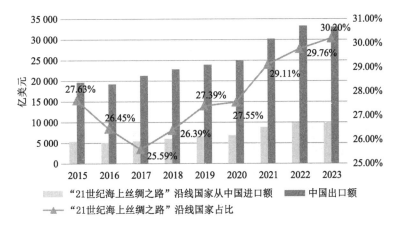

图 3-3　"21 世纪海上丝绸之路"沿线国家从中国进口额与中国出口额

3.2　我国与沿线国家大宗散货海运贸易

选取当前世界主要大宗资源货物原油、天然气、铁矿石,分析我国与"21 世纪海上丝绸之路"沿线国家三种货类的贸易情况。

3.2.1　原油

我国原油生产量保持在 2 亿吨左右,原油进口量与对外依存度呈现不断增长的趋势,2014 年,我国原油产量为 2.11 亿吨,原油进口量为 3.08 亿吨,对外依存度为 59.37%。2023 年我国原油产量为 2.09 亿吨,原油进口量为 5.64 亿吨,对外依存度为 71.25%。(见图 3-4)

2023 年,我国从 48 个国家进口原油,进口量排名前 25 的国家见表 3-1,进口前三名俄罗斯、沙特阿拉伯、伊拉克总量为 25 224.45 万吨,占我国原油全年进口总量的 44.73%,其中俄罗斯约有 4 000 万吨原油是通过中俄原油管道输送,占比约 37%。进口前十强总量为 49 459.57 万吨,占我国原油全年进口总量的 87.69%。进口前二十五强总量为 55 878.67 万吨,占我国原油全年

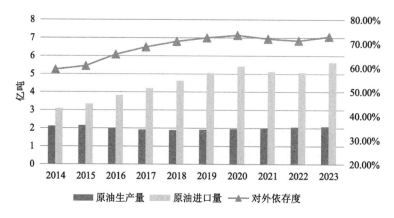

图 3-4　中国原油生产量与原油进口量

进口总量的 99.08%。在进口量排名前 25 的国家中，"21 世纪海上丝绸之路"沿线国家有 15 个，分别为俄罗斯、沙特阿拉伯、伊拉克、马来西亚、阿联酋、阿曼、安哥拉、科威特、卡塔尔、刚果（布）、厄瓜多尔、利比亚、加蓬、赤道几内亚、加纳，总进口量 47 564.93 万吨，占比 84.34%，表明原油进口对"21 世纪海上丝绸之路"沿线国家依赖度较高。

表 3-1　2023 年我国原油进口来源国

排名	国家	进口量（万吨）	占比
1	俄罗斯	10 702.45	18.98%
2	沙特阿拉伯	8 595.91	15.24%
3	伊拉克	5 926.09	10.51%
4	马来西亚	5 479.28	9.72%
5	阿联酋	4 181.69	7.41%
6	阿曼	3 914.69	6.94%
7	巴西	3 774.59	6.69%
8	安哥拉	3 002.81	5.32%
9	科威特	2 453.32	4.35%
10	美国	1 428.74	2.53%
11	卡塔尔	1 046.41	1.86%
12	哥伦比亚	931.25	1.65%

（续表）

排名	国家	进口量(万吨)	占比
13	刚果(布)	851.64	1.51%
14	加拿大	749.64	1.33%
15	哈萨克斯坦	640.69	1.14%
16	厄瓜多尔	416.60	0.74%
17	利比亚	333.80	0.59%
18	加蓬	313.07	0.56%
19	英国	222.51	0.39%
20	澳大利亚	185.93	0.33%
21	赤道几内亚	182.69	0.32%
22	加纳	164.48	0.29%
23	墨西哥	162.02	0.29%
24	乍得	133.14	0.24%
25	挪威	85.23	0.15%
	合计	55 878.67	99.08%

3.2.2　液化天然气

我国是天然气生产和储量大国,当前总体天然气国内生产量高于进口量,天然气国内生产量从 2014 年的 1 301.6 亿立方米增加至 2023 年的 2 297.1 亿立方米,天然气进口量从 2014 年的 583 亿立方米增加至 2023 年的 1 668 亿立方米,天然气对外依存度从 2014 年至 2018 年逐年提升,由 30.93% 增加至 43.96%,从 2018 年至今对外依存度保持相对稳定。(见图 3-5)

我国液化天然气(简称 LNG)国内生产量较低,主要依赖于进口,虽然国内生产量在近十年逐年上升,但相比于进口量仍然不足,对外依存度占比均在 75% 以上,我国主要 LNG 进口量来源于澳大利亚、卡塔尔、马来西亚、俄罗斯、印度尼西亚等国家。(见图 3-6)

数据显示,2023 年我国从 21 个国家进口了 7 131.662 5 万吨 LNG,这相

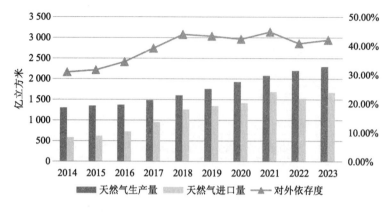

图 3-5 我国天然气生产量与进口量

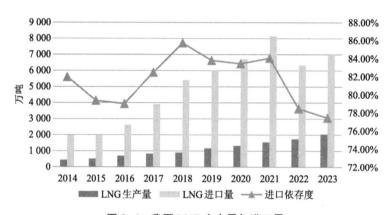

图 3-6 我国 LNG 生产量与进口量

当于 970 亿标方天然气,约占我国当年天然气进口总量的 59.4%,随着我国 LNG 接收站的大力建设和投产,未来这个比例还会不断提升。2023 年我国进口 LNG 来源见表 3-2。进口量超过 500 万吨的有 4 个国家,分别为澳大利亚、卡塔尔、俄罗斯、马来西亚,总进口量 5 596 万吨,占比 78.47%。在所有进口国家中,"21 世纪海上丝绸之路"沿线国家占绝大多数,除澳大利亚、美国、土耳其和加拿大外,均为"21 世纪海上丝绸之路"沿线国家,从"21 世纪海上丝绸之路"沿线国家进口量为 4 393.91 万吨,占比 61.6%,数据表明,我国 LNG 进口对"21 世纪海上丝绸之路"沿线国家依赖度较高。

表 3-2　2023 年中国进口液化天然气来源国

排名	国家	进口量(万吨)	占比
1	澳大利亚	2 416	33.88%
2	卡塔尔	1 666	23.36%
3	俄罗斯	805	11.29%
4	马来西亚	709	9.94%
5	印度尼西亚	399	5.59%
6	美国	315	4.42%
7	巴布亚新几内亚	250	3.51%
8	尼日利亚	118	1.65%
9	阿曼	102	1.43%
10	文莱	72	1.01%
11	莫桑比克	69	0.97%
12	阿联酋	67	0.94%
13	特立尼达和多巴哥	36.68	0.51%
14	阿尔及利亚	34.29	0.48%
15	埃及	28.21	0.40%
16	秘鲁	14.58	0.20%
17	赤道几内亚	14.13	0.20%
18	土耳其	7.25	0.10%
19	喀麦隆	7.25	0.10%
20	新加坡	1.77	0.02%
21	加拿大	0.14	0.00%

3.2.3　铁矿石

中国是铁矿石消耗大国及进口大国,消耗了全世界一半以上的铁矿石。我国铁矿石生产量在 2014—2018 年逐年下降,在 2018 年后呈缓慢增长的趋势,铁矿石进口量 2014 年为 9.33 亿吨,增长至 2023 年的 11.79 亿吨,同比增长 6.6%,全球第一。进口金额 1 339.65 亿美元(同比增长 4.9%),占我国全年进口贸易总额的 5.24%。换算成进口单价，即为 114 美元/吨。从 2014 年到 2023 年，这十年我国累计进口铁矿石 107 亿吨，平均每年 10.7 亿吨；累计进口金额 1.03 万亿美元，平均每年 1 028 亿美元；平均进口单价 96.08 美元/吨。（见图 3-7）

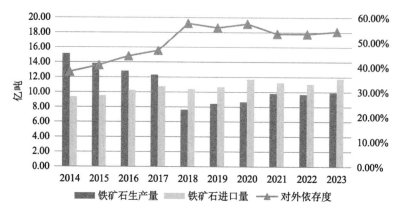

图 3-7　我国铁矿石生产量与进口量

　　2023 年，我国共从 63 个国家进口铁矿石，其中进口量达 100 万吨及以上的国家如表 3-3 所示，共 21 个。从表 3-3 中可以看到，我国铁矿石进口来源国高度集中，从澳大利亚进口了 7.37 亿吨，占比 62.51%；从巴西进口了 2.49 亿吨，占比 21.08%。澳巴两国合计进口 9.86 亿吨，占比 83.59%。此外，超过 1 000 万吨的国家有 6 个，分别是印度、南非、秘鲁、加拿大、智利、伊朗，俄罗斯、塞拉利昂也在向千万吨级靠拢，分别是 967 万吨、935 万吨。在前 21 个国家中，"21 世纪海上丝绸之路"沿线国家有 10 个，分别为秘鲁、智利、伊朗、俄罗斯、塞拉利昂、毛里塔尼亚、阿曼、马来西亚、缅甸、新西兰，进口量共 7 877.59 万吨，占比 6.68%，铁矿石进口对"21 世纪海上丝绸之路"沿线国家的依赖度较低。

表 3-3　2023 年我国进口铁矿石来源国

排名	国家	进口量/万吨	占比
1	澳大利亚	73 706.98	62.51%
2	巴西	24 856.20	21.08%
3	印度	3 653.24	3.10%

（续表）

排名	国家	进口量/万吨	占比
4	南非	3 581.79	3.04%
5	秘鲁	1 972.61	1.67%
6	加拿大	1 642.91	1.39%
7	智利	1 252.49	1.06%
8	伊朗	1 005.21	0.85%
9	俄罗斯	966.52	0.82%
10	塞拉利昂	934.71	0.79%
11	毛里塔尼亚	752.69	0.64%
12	哈萨克	595.25	0.50%
13	蒙古	579.56	0.49%
14	老挝	346.00	0.29%
15	阿曼	313.10	0.27%
16	马来西亚	281.24	0.24%
17	缅甸	231.18	0.20%
18	瑞典	222.76	0.19%
19	新西兰	167.84	0.14%
20	墨西哥	109.01	0.09%
21	美国	108.47	0.09%
	其他	626.20	0.53%
	合计	117 905.97	100%

第 4 章
"21 世纪海上丝绸之路"海运航线

　　海上运输由于其运量大,运价低的优势,成为全球国际贸易中大宗商品及物资的主要运输方式。基于各类物资巨大的运输需求与规模经济效应,海上贸易运输逐渐发展并形成了特定的运输船舶类型(如油轮、集装箱船、散货船等),并按照各类商品物资的运输线路,形成了特定的货类运输航线。选择在国际贸易中具有代表性的集装箱、铁矿石、原油、LNG 航线进行介绍。

4.1　集装箱航线

　　"21 世纪海上丝绸之路"网络航线覆盖众多区域,多家班轮公司在此区域内布置了不同的航线,形成了复杂的运输航线网络。根据联合国贸易和发展会议(简称 UNCTAD)发布的班轮双边连通性指数(Liner Shipping Bilateral Connectivity Index,简称 LSBCI,用以衡量国家之间彼此班轮运输网络的连通程度,最大值为 1)整理得到我国与"21 世纪海上丝绸之路"沿线相关国家 2021 年的班轮运输连通情况(最新数据为 2021 年第一季度统计)。"21 世纪海上丝绸之路"沿线国家与我国的 LSBCI 指数如表 4-1 所示,共 100 个国家参与统计,其中指数得分最高的为 0.6 分,有韩国、马来西亚、新加坡 3 个国家,指数得分为 0.5 分的有 7 个国家,分别为埃及、意大利、摩洛哥、沙特阿拉伯、斯里兰卡、阿联酋、越南,指数得分为 0.4 的有 16 个国家,0.3 的有 26 个国家,0.2 的有 48 个国家。

表 4-1　相关国家与中国 2021 年的班轮运输双边连通性指数

国家	得分	国家	得分	国家	得分	国家	得分
韩国	0.6	安哥拉	0.3	阿尔及利亚	0.2	利比亚	0.2
马来西亚	0.6	阿根廷	0.3	安提瓜和巴布达	0.2	立陶宛	0.2
新加坡	0.6	巴林	0.3	孟加拉国	0.2	马达加斯加	0.2
埃及	0.5	贝宁	0.3	巴巴多斯	0.2	马尔代夫	0.2
意大利	0.5	喀麦隆	0.3	文莱	0.2	密克罗尼西亚	0.2
摩洛哥	0.5	刚果	0.3	佛得角	0.2	黑山	0.2
沙特阿拉伯	0.5	科特迪瓦	0.3	柬埔寨	0.2	莫桑比克	0.2
斯里兰卡	0.5	克罗地亚	0.3	科摩罗	0.2	缅甸	0.2
阿联酋	0.5	吉布提	0.3	刚果	0.2	萨摩亚	0.2
越南	0.5	多米尼加	0.3	哥斯达黎加	0.2	圣多美和普林西比	0.2
智利	0.4	印度尼西亚	0.3	古巴	0.2	塞内加尔	0.2
厄瓜多尔	0.4	伊朗	0.3	塞浦路斯	0.2	塞舌尔	0.2
加纳	0.4	伊拉克	0.3	多米尼加	0.2	塞拉利昂	0.2
希腊	0.4	牙买加	0.3	赤道几内亚	0.2	所罗门群岛	0.2
黎巴嫩	0.4	约旦	0.3	爱沙尼亚	0.2	苏里南	0.2
马耳他	0.4	肯尼亚	0.3	斐济	0.2	叙利亚	0.2
阿曼	0.4	纳米比亚	0.3	加蓬	0.2	东帝汶	0.2
巴基斯坦	0.4	新西兰	0.3	冈比亚	0.2	汤加	0.2
巴拿马	0.4	尼日利亚	0.3	格林纳达	0.2	特立尼达和多巴哥	0.2
秘鲁	0.4	巴布亚新几内亚	0.3	几内亚	0.2	突尼斯	0.2
波兰	0.4	菲律宾	0.3	几内亚比绍	0.2	瓦努阿图	0.2
葡萄牙	0.4	罗马尼亚	0.3	圭亚那	0.2	委内瑞拉	0.2

（续表）

国家	得分	国家	得分	国家	得分	国家	得分
卡塔尔	0.4	俄罗斯	0.3	洪都拉斯	0.2		
泰国	0.4	斯洛文尼亚	0.3	科威特	0.2		
多哥	0.4	坦桑尼亚	0.3	拉脱维亚	0.2		
土耳其	0.4	乌拉圭	0.3	利比里亚	0.2		

以中远海运为例，共建"一带一路"倡议提出以来，集团在共建"一带一路"国家和地区持续深化航线、港口及综合物流领域投资和布局，深入构建"航运＋港口＋物流"立体运输大通道，积极促进全球互联互通和经济贸易发展。截至 2023 年 8 月底，中远海运集团在"一带一路"沿线已完成投资 790 亿元。集团投资建设了包括希腊比雷埃夫斯港、阿联酋阿布扎比码头等重要枢纽港在内的 21 个集装箱码头，覆盖北欧、南欧、远东、东南亚、中东、南美、非洲等区域。同时，在"21 世纪海上丝绸之路"沿线铺设集装箱班轮航线 167 条，投入集装箱船舶运力 165 余万 TEU，占该集团集装箱船队总运力的 56%。中远海运从亚洲出发至世界各地的航线数如表 4-2 所示。

表 4-2　中远海运航线统计

区域	航线	数量
跨太平洋航线	远东—美西南	11
	远东—美西北	5
	远东—美东/美湾	11
欧洲航线	远东—西北欧	8
	远东—地中海	6
	印巴/中东—西北欧	5
	印巴/中东—地中海	2
欧地支线	欧洲支线	14
	地中海支线	14
	西北欧—地中海线	2
大西洋航线	跨大西洋线	6

(续表)

区域	航线	数量
亚太航线	远东—南太	2
	东北亚—澳洲	4
	东南亚—澳洲	4
	东北亚—新西兰	2
	新西兰	2
	波湾线	9
	红海线	2
拉非航线	远东—南非	3
	远东—西非	4
	欧地—西非线	2
	远东—东非	5
	远东—南美东线	2
	欧洲—南美东	2
	远东—南美西	5
	远东—加勒比	3
	欧洲—南美西	1
中美洲航线	太平洋侧区域航线	4
	加勒比侧区域航线	6
	南北美区域航线	3
东南亚及南亚航线	泰越柬	23
	中东印巴	13
	韩国	6
	印尼菲	19
	新马缅	8

在中远海运的航线中,东南亚及南亚航线数量最多,合计 69 条,其中,去往泰国、越南、柬埔寨的航线 23 条,如表 4-3 所示。

表 4-3　中远海运泰越柬航线

航线	往返程	途经港口
CV2-N	去程	青岛—日照—厦门—胡志明
	返程	胡志明—上海
CV5	去程	上海—厦门—胡志明
	返程	胡志明—上海
CYH	去程	天津—青岛—宁波—厦门—香港—海防
	返程	海防—洋浦—香港—天津
CV2-C	去程	青岛—上海—日照—宁波—胡志明
	返程	胡志明—青岛—新港—青岛—上海
SCT	去程	香港—南沙—蛇口—林查班—曼谷
	返程	曼谷—林查班—香港
RBC2	去程	宁波—上海—蛇口—西哈努克—曼谷
	返程	曼谷—林查班—宁波
JVC	去程	东京—横滨—名古屋—门司—盐田—南沙—香港—海防
	返程	海防—香港—南沙—厦门—东京
CVX1	去程	洋浦—钦州—香港—南沙—岘港—胡志明
	返程	胡志明—洋浦
CTJ	去程	大阪—神户—东京—横滨—名古屋—香港—林查班
	返程	林查班—蛇口—香港—厦门—大阪
CV1	去程	大连—青岛—上海—香港—蛇口—岘港
	返程	岘港—胡志明—香港—大连
NCT	去程	大连—新港—青岛—香港—蛇口—林查班
	返程	林查班—香港—厦门—仁川—大连
SVG	去程	盐田—香港(HKG01)—香港(HKG13)—海防
	返程	海防—盐田
CV3	去程	福州—泉州—蛇口—虎门—胡志明
	返程	胡志明—福州
CT3	去程	宁波—上海—林查班
	返程	/

(续表)

航线	往返程	途经港口
QVS	去程	小铲滩—钦州—海防—新加坡
	返程	新加坡—小铲滩
SHX	去程	宁波—上海—蛇口—海防
	返程	海防—洋浦—香港—宁波
VTS	去程	新加坡—曼谷—林查班
	返程	林查班—新加坡—胡志明—新加坡
SHS	去程	新加坡—西哈努克
	返程	西哈努克—新加坡
CT2	去程	青岛—上海—厦门—南沙—林查班
	返程	林查班—南沙—日照—青岛
CHL-V	去程	大连—新港—青岛—香港—蛇口—胡志明
	返程	胡志明—香港—蛇口—仁川—大连
KTX1	去程	东京—横滨—名古屋—神户—大阪—基隆—香港—胡志明
	返程	胡志明—蛇口—香港—东京
NVX	去程	新加坡—海防
	返程	海防—新加坡
VJS	去程	巴生港—新加坡—海防
	返程	海防—新加坡—帕西古当—巴生港

4.2　原油航线

对中国"21 世纪海上丝绸之路"沿线原油进口来源地进行归纳分析,我们将原油进口的来源地分为中东波斯湾地区、北非地区、西非地区、东南亚地区、大洋洲五个区域,并由此形成了这些地区到中国的航线,即中东波斯湾—中国航线、北非—中国航线、西非—中国航线、东南亚—中国航线、大洋洲—中国航线。

1. 中东波斯湾—中国航线

这里定义的中东地区与常用的"中东"广义定义有所差别,这里的中东地区并不包括埃及、苏丹等北非国家。这里定义的中东地区的主要原油出口国包括沙特阿拉伯、阿联酋、科威特、伊朗、伊拉克、阿曼、卡塔尔,中国从这些国家进口原油的主要航线可以归纳为:波斯湾—霍尔木兹海峡—马六甲海峡—中国。

2. 北非—中国航线

这里定义的北非地区主要包括埃及、苏丹、利比亚、突尼斯、阿尔及利亚等五个原油输出国,而这五个国家一部分位于地中海沿岸,另一部分位于红海沿岸,因此我国从北非进口原油所使用的航线有两条。一条是红海—中国航线,埃及、苏丹这两个北非国家主要是通过这条航线向中国输出原油,同时也可将位于中东的也门共和国到中国的航线归在这一航线,该航线可以描述为:红海—曼德海峡—亚丁湾—科伦坡—马六甲海峡—中国。另一条航线是地中海—中国航线,除埃及、苏丹以外的北非国家(利比亚、突尼斯、阿尔及利亚)主要是通过这条航线向中国输出原油,而根据运输船舶吨位的不同,该航线又有两种不同的线路,如果油轮吨位超过了苏伊士运河限制时,航线为地中海—直布罗陀海峡—好望角—马六甲海峡—台湾海峡—中国;如果满足苏伊士运河通行限制的话,航线为地中海—苏伊士运河—红海——亚丁湾—阿拉伯海—孟加拉湾—印度洋—马六甲海峡—中国。

3. 西非—中国航线

向我国输出原油的西非国家包括安哥拉、赤道几内亚、几内亚、毛里塔尼亚、尼日利亚、尼日尔、加蓬、喀麦隆、乍得、刚果(布)、刚果(金)。中国从这些西非国家进口原油的主要航线可以归纳为:好望角—马六甲海峡—中国。

4. 东南亚—中国航线

向我国输出原油的东南亚国家包括马来西亚、文莱、印度尼西亚、缅甸、泰国、越南、菲律宾等多个国家。中国从这些东南亚国家进口原油的主要航线有两条：一条是从该地区的装油港出发,经中国南海,抵达中国华南地区的卸油港；另一条是经台湾海峡北上抵达中国境内各卸油港。

5. 大洋洲—中国航线

我国从大洋洲地区进口的原油主要来源于澳大利亚、新西兰、巴布亚新几内亚三个国家,而来自新西兰和巴布亚新几内亚的原油进口量又很少,该航线以澳大利亚—中国为主。而澳大利亚和中国一样也是原油净进口国,因此该航线上的海运量所占比例相对较少。大洋洲—中国航线可以归纳为：大洋洲—珊瑚海—所罗门海—雅浦岛—琉球久米岛—东海—中国。

4.3 液化天然气航线

我国在"21 世纪海上丝绸之路"沿线的主要 LNG 进口来源国包括澳大利亚、卡塔尔、俄罗斯,马来西亚、印度尼西亚。2023 年五国 LNG 进口总量占当年我国 LNG 进口总量的 84.06%。俄罗斯、阿曼、新加坡为次要进口来源国。我国进口"21 世纪海上丝绸之路"沿线国家 LNG 海上航线如图 4-1 所示,主

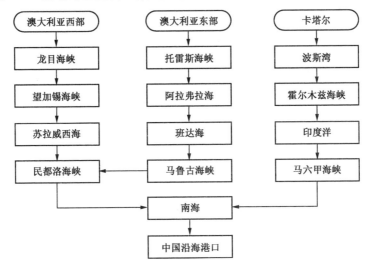

图 4-1 LNG 进口通道

要进口通道有：由澳大利亚西部 LNG 港出发经龙目海峡、望加锡海峡、苏拉威西海、民都洛海峡，进入中国南海；由澳大利亚东部 LNG 港出发经托雷斯海峡、阿拉弗拉海、班达海、马鲁古海峡、民都洛海峡，进入中国南海；由卡塔尔 LNG 港出发经波斯湾、霍尔木兹海峡进入印度洋，经马六甲海峡进入中国南海，最终到达中国沿海港口。

4.4 铁矿石航线

根据"21 世纪海上丝绸之路"沿线主要铁矿资源生产国分布以及中国主要铁矿石进口来源，铁矿石运往中国的主要航线包括以下几条：

1. 西非航线

该线路是从非洲西海岸港口途经好望角，过印度洋至中国海港，全程大约 9 800 海里，需要航行 31 天。其中南非好望角至中国港口大约 6 800 海里，航行时间 22 天。由于除南非外的其他非洲国家港口基础设施比较差，泊位、起吊能力均非常有限，因而在这条航线上运输公司分布的航线比较少。

2. 东非航线

非洲东部航线一般从非洲东部港口经印度洋至中国南方港口。全程约 5 000 海里，航行时间 17 天。

3. 西澳航线

每年中国要从澳大利亚进口大量的铁矿石，从 2023 年数据看，我国从澳大利亚进口的铁矿石约占全年进口总量的 62.51%，因此，西澳航线是中国重要的进口铁矿石走廊，该航线的航程约 4 700 海里，航行时间约 15 天，船只大多为 20 万吨级。我国进口"21 世纪海上丝绸之路"沿线国家铁矿石海上航线如图 4-2 所示，主要进口通道是由澳大利亚西北部铁矿石港出发，经龙目海峡、望加锡海峡、苏拉威西海、民都洛海峡，进入中国南海，最终到达中国沿海港口。

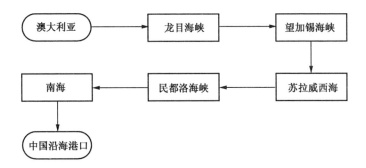

图 4-2 铁矿石进口通道

第 5 章
"21 世纪海上丝绸之路"海运港口

在建设"21 世纪海上丝绸之路"的过程中,港口作为贸易流通的载体和水运行业发展的"先行官",发挥着越来越重要的作用。习近平总书记把港口视为拉动海洋经济增长的引擎,并多次用"重要支点""重要枢纽"来阐述港口在"21 世纪海上丝绸之路"建设中的关键地位。目前中国已成为全球第一港口大国,在港口贸易支撑下,中国不断完善港口标准化体系,积累港口建设、投资、经营实力。以中国港口企业为主体、资本为纽带的"21 世纪海上丝绸之路"海外港口投资和建设如火如荼。近年来,围绕"21 世纪海上丝绸之路"沿线港口,我国港口经营企业通过战略合作与港口联盟等形式已取得显著成果。

5.1 国际港口发展概况

5.1.1 主要港口分布

"21 世纪海上丝绸之路"沿线主要国家港口众多,就地区来看,港口数目最多的地区为东南亚,其次为西亚、中东欧、大洋洲、南亚、北非和东非,基本港数目最多的地区仍然为东南亚,但内陆港数目最多的地区为南亚,数值为 59 个,而该地区中又以印度的内陆港为所有国家之首,高达 53 个,其次为中东欧地区的俄罗斯,内陆港有 27 个。各个地区国家港口具体情况见表 5-1 至表 5-7。

表 5-1　东南亚国家沿线港口

印度尼西亚	雅加达、苏腊巴亚、三宝垄、淡美拉汉、直落巴由、西卡郎、都保里、匆拉湾、图班、勿加泗、德尔纳特、托利托利、巴厘巴板、巴淡岛、乌戎潘当、望加丽、万鸦老、丹戎不碌、巨港、庞越、直葛、北干巴鲁、马穆朱、勿里洋、马卡萨、索龙、帕卢、古邦、哥伦打洛、杜迈、直落勿洞、波索、岩望、巴东、库迈、安汶、乌戎潘当、杀拉瓦蒂、波马拉、岜洛波、门托克、棉兰、卡西姆、卡利昂厄特、栋加拉、桑库利朗、三发、井里汶市、布莱伦、比通、打拉根、实武牙、桑皮特、马利利、克鲁伊、芝拉扎、比马、外南梦、占碑、班马吉、北加浪岸、巴那鲁干、马老奇、马诺夸里、格雷西、明古鲁、马辰、丹戎索法、坤甸、巴里巴里、默拉克、丹戎乌班、三马林达、萨邦、米拉务、瓜拉卡普阿斯、吉打邦、肯达里、查亚普拉、雅加达 UTC3、哥打巴鲁、芝格丁、法克法克、丹戎勒德布、双溪克拉克、双溪格龙、桑坦港、雅加达 UTC1、达博、塞尼帕油码头、普劳桑布、潘姜、庞卡兰苏苏、古农西托利、珀拉旺港、丹绒潘丹、槟港、庞卡尔、信塔油码头、伯诺阿、安佩南、丹戎槟榔、巴宁河、雅加达 UTC2、巴眼亚比、阿米纳油码头、金卡、雅加达 NPCT、丁宜
泰国	曼谷、林查班、普吉岛、莱卡邦、宋卡府、梭桃邑、那拉提瓦、北榄、阁西昌岛、孔堤、曼谷 PAT 港、曼谷 SCT 港、是拉差、干当、曼谷 TPT 港
马来西亚	巴生、槟城、巴西古当、古晋、泗务、米里、巴生西港、道北、关丹县、斗湖、韦斯顿、柔佛、丹戎帕拉帕斯、山打根、卢穆特、甘马挽、民都鲁、双溪麻坡、泗里奎、布莱、古达、仙本那、伦杜、龙运、丹戎马尼斯、特洛拉穆尼亚、安顺、库纳克、马六甲、林牙、纳闽岛、巴特沃思、华棠士、尼亚、居茶、兴楼、沙巴、哥打基纳巴卢、民那丹、吉隆坡、亚兰、新山、瓜拉雪兰莪、瓜拉弄宾、塞克卡、拿笃、瓜拉丁加奴、瓜拉苏埃、文德港、哥打巴鲁、巴眼拿督、瓜拉彭亨、巴株巴辖、巴拉姆、巴生北港
越南	海防、河内、胡志明卡莱、荣市、胡志明市、富隆、雷东港、岘港、索通、盖梅港、归仁市、锦普港、塔那墨克港、头顿、顺化市、朱莱、胡志明国际港、芽庄、美寿、广义、胡志明新港、金兰、芹苴、鸿基、边水
新加坡	新加坡、裕廊、森巴旺、普劳布科姆、丹章彭鲁
菲律宾	马尼拉市、宿务、达沃、苏比克、三宝颜、维拉努埃瓦、索索贡、塔克洛班、塔比拉兰、桑托斯将军城、塔瓦科、苏里高、桑义、帕朗、伊萨贝拉、那牙、黎牙实比、马萨豪、巴丹、普卢潘丹、马里韦莱斯、杜马格特、卡皮斯、比斯利格、巴科洛德、纳济皮特、麦克坦、伊洛伊洛、希尼加兰、第波罗、迪纳加特、甲米地、甲描育、米尔布克、拉瓦格、霍洛岛、伊力甘、八打雁、圣费尔南多、纳苏格布、马辛洛克、林加延、布端、博哥、拜斯、阿蒂莫南、奥尔莫克、奥隆阿波、莱巴克、潘普洛纳、马蒂、马斯巴特、何塞庞阿尼班村、阿帕里、阿纳根、阿布约、波略克、卡加延德奥罗、公主港、圣玛丽亚港、丁阿兰湾、阿姆尼坦、圣卡洛斯、波罗、马尼拉南岗、马尼拉北港、吉马拉斯岛
缅甸	仰光、耶城、勃生、土瓦、丹老、皎漂、阿恰布、山多威、毛淡棉
柬埔寨	西哈努克、金边、磅逊

（续表）

文莱	穆阿拉、诗里亚、穆阿拉港、斯里巴加湾港、丹绒沙利隆、马来奕
东帝汶	帝力

表 5-2　南亚国家港口

巴基斯坦	卡拉奇、拉合尔、锡亚尔科特、伊斯兰堡、卡西姆港、奥尔马拉、瓜达尔、伯斯尼、卡拉奇 K 港、穆罕默德宾加西姆、卡拉奇 Q 港、卡拉奇 P 港
孟加拉国	吉大港、达卡、盘贡码头、蒙格拉、库尔纳、贾尔纳、查尔纳港
斯里兰卡	科伦坡、马纳尔、凯茨、马塔勒、亭可马里、加勒、卡卢特勒、塔莱曼纳尔、贾夫纳、坎凯桑图赖、尼甘布、拜蒂克洛
马尔代夫	马累岛、阿杜环礁

表 5-3　中东欧国家港口

波兰	格丁尼亚、格但斯克、华沙、罗兹市、波兹南、海尔、科沃布热格、什切青市、乌斯特卡、弗瓦迪斯瓦沃、斯维诺乌伊希切、达尔沃沃
罗马尼亚	康斯坦察、布加勒斯特、布勒伊拉、加拉茨、图尔恰、苏利纳、曼加利亚
保加利亚	瓦尔纳、索菲亚、布尔加斯、内塞伯尔、索佐波尔、米丘林、巴尔奇克、卡瓦尔纳
拉脱维亚	里加、利耶帕亚、文茨皮尔斯
立陶宛	克莱佩达、维尔纽斯、考纳斯
斯洛文尼亚	科佩尔、卢布尔雅那、皮兰、伊佐拉、马里博尔
爱沙尼亚	塔林、派尔努、穆格、纳尔瓦约埃苏
克罗地亚	里耶卡、普洛切、斯普利特、普拉、罗维尼、萨格勒布、希贝尼克、塞尼、拉萨、扎达尔、巴卡尔、赫瓦尔、科尔丘拉、马斯利尼察、杜布罗夫尼克、奥米沙利、奥米什
阿尔巴尼亚	都拉斯、地拉那、圣金、萨兰达、发罗拉
黑山	巴尔、波德戈里察、科托
乌克兰	敖德萨、尤日内、基辅、雅尔达、塞瓦斯托波尔、雷尼、斯卡多夫斯克、尼古拉耶夫、马里乌波尔、日丹诺夫、伊兹梅尔、哈尔科夫、伊利乔夫斯克、别尔江斯克、费奥多西亚、基利亚、比尔哥罗德第聂斯特罗夫斯基、赫尔松、刻赤、乌斯列戈、尔斯克
俄罗斯	海参崴、莫斯科、扎鲁比诺、马加丹、涅韦尔斯克、兹诺比诺、日古尔约夫斯克、维普里、彼得罗巴甫洛夫斯克、维索茨克、瓦尼诺、叶卡捷琳堡、乌期特-鲁戈、亚述海港、加里宁格勒、翁巴、塔甘罗格、东方港、图阿普谢、布洛奇纳亚、比斯克、波罗奈斯克、帕见斯、科尔萨科夫、伊加尔卡、索契、新罗西斯克、纳霍德卡、克拉斯诺达尔市

表 5-4　西亚国家港口

沙特阿拉伯	吉达、利雅得、朱拜勒、达曼、吉赞、阿卜杜拉国王港、朱阿马港、拉斯坦努拉、米萨卜角、延布、拉斯海夫吉
阿联酋	迪拜、沙迦、杰贝阿里、阿布扎比、哈立德港、阿治曼、豪尔费坎、拉希德港、扎伊德港、杰贝尔丹那、乌姆盖万、穆巴腊岛、哈伊马角、沙奎港、富查伊拉、哈姆瑞雅港、达斯岛、法特油码头、阿布埃尔布霍希、富查伊拉
阿曼	马斯喀特、苏哈尔、塞拉莱、赖苏特、马托拉、米纳卡布斯、卡布斯港、费赫勒港、杜格姆
伊朗	阿巴斯港、布什尔、霍拉姆沙赫尔、德黑兰、伦格港、基什岛、阿巴丹、贾斯克、哈尔克岛、巴里根角、拉万岛、格什姆岛、诺乌兹港、哈赫巴哈尔、居鲁土码头、霍梅尼港、班德埃纳姆、阿萨鲁耶、马赫夏赫尔港
土耳其	伊斯坦布尔、梅尔辛、伊兹密尔、盖布泽、泰基尔达、班德尔马、阿姆巴利、蒂雷博卢、伊兹米特、塔舒朱、特拉布宗、宗古尔达克、云耶、安卡拉、伊斯肯德伦、于斯屈达尔、伊内博卢、法特萨、代林杰、亚勒姆贾、安塔利亚、里泽、格尔居克、吉雷松、图吞西夫特利克、奥尔杜、穆达尼亚、费特希耶、吉代、霍帕、戈西克、盖姆利克、菲尼凯、埃雷利、蒂利斯基里西、库萨达斯、伊兹密尔新港、海达尔帕夏、格雷莱、德尔特约尔、恰纳卡莱、居吕克、盖利博卢、迪基利、阿马斯腊、锡诺普、萨姆松、海雷凯、艾维亚普、艾瓦勒克、开塞利、阿拉尼亚、亚细亚港、马达司、伊兹米特港、阿牟西拉、马波特、埃丁吉克
科威特	科威特、舒韦赫、舒艾拜、霍尔姆法塔、米纳索特、米纳阿卜杜拉、艾哈迈迪港
伊拉克	乌姆盖斯尔、巴士拉、巴格达、埃尔比勒、法奥、豪尔艾迈耶、乌姆盖斯尔(南)、乌姆盖斯尔(北)、阿巴克
卡塔尔	哈马德港、多哈、乌姆赛义德、哈卢勒岛
约旦	亚喀巴、安曼
黎巴嫩	贝鲁特、舍卡、苏尔、西顿、的黎波里、西顿、朱尼耶、宰赫拉尼、腊斯塞拉塔
巴林	巴林、锡特拉、奥巴杰蒂、麦纳麦、米纳苏尔曼
也门	亚丁、荷台达、穆卡拉、穆哈、索科特拉岛、萨利夫港、卡塞卡角
叙利亚	拉塔基亚、大马士革、塔尔图斯、巴尼亚斯
塞浦路斯	利马索尔、凯里尼亚、法马古斯塔、帕福斯、拉纳卡、腊基、莫尼、卡拉沃斯塔西、阿莫霍斯托斯、泽凯利亚、阿克罗蒂里、莫尔富湾、瓦西利科湾
格鲁吉亚	波季、巴统、第比利斯

表 5-5　北非国家港口

埃及	苏赫奈泉、达米埃塔、塞得西港、开罗、塞卢姆、塞法杰港、狄克拉、阿代比耶、陶菲克港、库赛尔、索思迪、加里卜角、喇斯舒海尔、亚历山大旧港、西迪基里尔、瓦迪费兰、艾因苏赫纳、塞得港、易卜拉欣港、塞得东港、马特鲁港、哈姆拉港、苏伊士、阿布宰尼迈、十月六日城、亚历山大新港、瑞莫丹
利比亚	米苏拉塔、班加西、的黎波里、祖瓦拉、图卜鲁格、德尔纳、祖埃提纳、兹利坦、胡姆斯、拜尔迪耶、拉斯拉努夫、马萨勃利加、哈里盖港、阿济伟亚、锡德尔
突尼斯	突尼斯、斯法克斯、苏塞、比塞大、加贝斯、拉迪斯、拉斯基拉、拉古莱特、阿什塔特码头、杰尔巴岛
阿尔及利亚	阿尔及尔、斯基克达、奥兰、安纳巴、瓦赫兰、提奈斯、穆斯塔加奈姆、贝贾亚、加扎韦特、代利斯、吉杰勒、贾扎伊尔、阿尔泽、杰恩杰恩、科洛、贝尼萨夫、舍尔沙勒
摩洛哥	卡萨布兰卡、丹吉尔、拉巴特、欧云、塔尔法亚、拉腊、阿加迪尔、得土安、纳祖尔、穆罕默迪耶、萨菲、地中海丹吉尔港、索维拉、阿尤恩、盖尼特拉、朱尔夫莱斯费尔、埃尔加迪达
苏丹	苏丹港、萨瓦金

表 5-6　东非国家港口

厄立特里亚	马萨瓦、阿萨布
吉布提	吉布提
索马里	柏培拉、摩加迪沙、丹特、博萨索、奥比亚、布拉瓦、基斯马尤、阿卢拉、马尔卡
肯尼亚	蒙巴萨、内罗毕、纳库鲁、涅里、万加、拉穆、埃尔多雷特、基苏木、马林迪、恩巴卡西
坦桑尼亚	达累斯萨拉姆、桑给巴尔市、奔巴岛、坦噶、米金达尼、姆特瓦拉、潘加尼、林迪、基卢瓦基温杰、基卢瓦马索科

表 5-7　大洋洲国家港口

巴布亚新几内亚	莱城、马当、萨拉马瓦、布卡、洛伦高、拉包尔、金贝、萨马赖、布纳、韦瓦克、达鲁、莫罗贝、莫尔斯比港、卡维恩、芬什港、伍德拉克岛、阿洛陶、艾塔佩、奥鲁湾、基埃塔、加斯马塔岛、霍斯金斯角、阿内瓦湾
新西兰	奥克兰、塔朗哥、达尼丁、惠灵顿、利特尔顿、克赖斯特彻奇、怀劳、璜加雷、塔哈罗、旺加努伊、提马鲁、韦斯特波特、韦弗利港、泰晤士、阿塔富、奥普阿、因弗卡吉尔、皮克顿、格雷茅斯、吉斯伯恩、纳皮尔、奥尼洪加、纳尔逊、布拉夫、奥玛鲁、奥塔戈、拉塞尔港、查默斯港、北帕墨斯顿、芒特芒阿努伊、新普利默斯
斐济	苏瓦、劳托卡、兰巴萨、莱武卡、埃灵顿、萨武萨武湾、瓦提亚角
瓦努阿图	桑托、维拉港、卢甘维尔港
汤加	努库阿洛法、庞艾、内亚富、诺穆卡岛

梳理主要集装箱港口与主要大宗货物港口信息,如表 5-8 所示。其中主要集装箱港口除我国港口外有 67 个,构成了"21 世纪海上丝绸之路"集装箱运输的枢纽节点。

表 5-8　"21 世纪海上丝绸之路"沿线主要集装箱港口

区域	国家	港口名称	
东南亚	马来西亚	Tanjung Pelepas	丹戎帕拉帕斯港
		Pasir Gudang	帕西古当
		Penang	槟城
		Port Kelang	巴生
		Kuantan	关丹港
	印度尼西亚	Jakarta	雅加达
		Surabaya	泗水
	越南	Ho Chi Minh	胡志明
		Cai Mep	盖梅港
		Hai Phong	海防
	菲律宾	Manila	马尼拉
		Batangas	八打雁
		Davao	达沃港/达澳港
	缅甸	Rangoon/Yangon	仰光
	泰国	Bangkok	曼谷
		Laem Chabang	林查班
	柬埔寨	Sihanoukville	西哈努克
	新加坡	Singapore	新加坡
南亚	巴基斯坦	Karachi	卡拉奇
		Port Muhammad Bin Qasim	卡希姆港
	斯里兰卡	Colombo	科伦坡
	孟加拉国	Chittagong	吉大港

（续表）

区域	国家	港口名称	
西亚	阿联酋	Abu Dhabi	阿布扎比
		Halifa	哈里法
		Jebel Ali	杰贝阿里
		Khorfakkan	豪尔法坎
	阿曼	Sultan Qaboos	苏丹卡布斯
		Muscat	马斯喀特
		Salalah	塞拉莱
	也门	Aden	亚丁
	沙特阿拉伯	Damman	达曼
		Jeddah	吉达
		King Abdullah	阿卜杜拉国王港
	约旦	Aqaba	亚喀巴
	黎巴嫩	Beirut	贝鲁特
	土耳其	Ambarli	阿姆巴利
		Tekirdag	泰基尔达
		Izmit	伊兹米特
中东欧	罗马尼亚	Constanta	康斯坦察
	克罗地亚	Rijeka	里耶卡
	斯洛文尼亚	Koper	科佩尔
	波兰	Gdansk	格丹斯克
北非	埃及	Port Said	塞得港
		Alexandria	亚历山大
		Ain Sokhna	埃因苏赫纳/索科纳
	摩洛哥	Tanger-Med/Port Tanger	丹吉尔
东非	吉布提	Djibouti	吉布提
大洋洲	新西兰	Auckland	奥克兰
		Tauranga	陶朗加
		Napier	纳皮尔
		Lyttelton	利特尔顿
		Port Chalmers	查尔莫斯港

据不完全统计,具有代表性的各类大宗货物港口(除我国沿海港口外)共计 39 个,如表 5-9 所示,其中铁矿石港口 5 个、LNG 港口 4 个、粮食港口 6 个、煤炭港口 4 个、原油成品油港口 12 个、其他金属矿石港口 5 个。值得一提的是,澳大利亚虽然不属于"一带一路"共建国家,但与我国有密切的大宗货物海运往来,因此表 5-9 中对澳大利亚港口也进行了统计。

表 5-9 具有代表性的各类大宗货物港口

货物类别	国家	港口英文名	港口中文名	地理位置	港口定位
铁矿石	澳大利亚	Dampier	丹皮尔港	西澳大利亚州西北海岸,东邻黑德兰港	澳大利亚最大的铁矿石输出港
		Port Hedland	黑德兰港	西澳大利亚州西北沿海,濒临印度洋的东侧	澳大利亚第二大铁矿石出口港
		Yampi Sound	杨皮桑德港	西澳大利亚州北海岸,蒙哥马利群岛西南侧	澳大利亚西北地区的矿石出口港
	乌克兰	Odessa	敖德萨港	乌克兰南部沿海敖德萨湾西南岸,濒临黑海西北侧	乌克兰的最大港口,也是乌克兰的主要油港
	伊朗	Bandar Khomeyni	霍梅尼港	伊朗河下游,濒临波斯湾的北侧	伊朗在 1972 年新建的主要外贸港口
其他金属矿石(锰、铜、铬)	澳大利亚	Townsvill	汤斯维尔港	澳大利亚东北部昆士兰州东北海岸,哈利法克斯湾南端	昆士兰州北部的农畜产品输出港
		Geraldton	杰拉尔顿港	西澳大利亚州西海岸的海东南角	澳大利亚西南地区的矿石出口港
	土耳其	Finike	菲尼凯港	土耳其南部沿海的卡拉河口南岸,濒临菲尼克湾西北侧	土耳其南部的矿石出口港
		Mersin	梅尔辛港	土耳其南部沿海梅尔辛湾北岸,濒临地中海的东北侧	土耳其南部的最大港口
		Derince	代林杰港	土耳其北沿海的伊滋密特湾东北岸代林杰角上	土耳其西部的主要港口之一

（续表）

货物类别	国家	港口英文名	港口中文名	地理位置	港口定位
LNG	澳大利亚	Port Hedland	黑德兰港	西澳大利亚州西北沿海，濒临印度洋的东侧	澳大利亚第二大铁矿石出口港
		Gladstone	格拉德斯通港	澳大利亚东部昆士兰州东南海岸，濒临太平洋西南侧	澳大利亚第三大煤炭输出港
	卡塔尔	Ras Laffan Port	拉斯拉凡港	卡塔尔东北沿海	世界上最新、最大的处理 LNG 的港口
	马来西亚	Bintulu	民都鲁港	马来西亚东部加里曼丹北部的沙捞越东北海岸克默纳河口	马来西亚液化天然气输出港
粮食	越南	Hai Phong	海防港	越南东北沿海京泰河下游，红河三角州东北侧	越南北方最大海港。首都河内的海上门户
		Danang	岘港	越南中部沿海韩江口西岸，濒临岘港湾南侧	越南最大的海产品输出港
		Ho Chi Minh	胡志明市港	越南南部西贡河下游西岸，距河口约 46 海里	越南最大的港口，湄公河三角洲稻米的集散中心
	澳大利亚	Port Pirie	皮里港	南澳大利亚州东南沿海斯潘塞湾的东侧北端	澳大利亚南部的矿石出口港，有色金属输出港
		Geelong	吉朗港	澳大利亚东南部维多利亚州南海岸的菲利浦港湾西侧	澳大利亚东南地区的散粮出口港
		Newcastle	纽卡斯尔港	新南威尔士洲东海岸	澳大利亚最大的煤炭出口港，澳大利亚第二大港口
煤炭	印度尼西亚	Banjarmasin	马辰港	印度尼西亚加里曼丹岛南部爪哇海沿岸	马辰是印度尼西亚(印尼)重要的海运港口
	澳大利亚	Newcastle	纽卡斯尔港	新南威尔士洲东海岸	澳大利亚最大的煤炭出口港，澳大利亚第二大港口

（续表）

货物类别	国家	港口英文名	港口中文名	地理位置	港口定位
煤炭	澳大利亚	Hay Point	海波因特港	澳大利亚东部昆士兰州达尔雷姆普湾内,濒临珊瑚海西南侧	澳大利亚第二大煤炭输出港,世界二十大散货港之一
		Gladstone	格拉德斯通港	澳大利亚东部昆士兰州东南海岸,濒临太平洋西南侧	澳大利亚第三大煤炭输出港
原油&成品油	沙特阿拉伯	Ras Tanura	拉斯塔努拉港	沙特阿拉伯东北沿海,南邻达曼港,濒临波斯湾的西侧	沙特阿拉伯的大型原油输出港
		Damman	达曼港	沙特阿拉伯东北沿海,濒临波斯湾西侧	沙特阿拉伯东部的最大港口
		Yanbu	延布港	沙特阿拉伯西海岸中部,濒临红海的东侧	沙特阿拉伯西部的第二大港
	俄罗斯	Novorossiysk	新罗西斯克港	俄罗斯西南沿海诺沃罗西斯克湾的顶端,濒临黑海东北侧	俄罗斯最大原油输出港,俄罗斯最大水泥生产中心
	伊拉克	Al Faw(Fao)	法奥港	伊拉克东南沿海阿拉伯河口西岸,濒临波斯湾的顶端	伊拉克最大油港,石油出口的中转站
	阿曼	Mina Al Fahal	法赫尔港	阿曼北部沿海,濒临阿曼湾的西南侧	阿曼的最大原油输出港
	伊朗	Kharg Island	哈尔克岛港	伊朗西南沿海外的海上岛屿上,濒临波斯湾的东北侧	伊朗最大的油港
		Bandar Mahshahr	马赫沙尔港	伊朗西南部加扎尹河下游,濒临波斯湾的北侧	伊朗成品油输出港
	科威特	Mina Al Ahmadi	艾哈迈迪港	科威特东部沿海,濒临波斯湾的西北侧	科威特最大的石油输出港,海湾地区大油港之一
	阿联酋	Das Island	达斯岛港	阿联酋西北方向波斯湾中的海岛上,距本国海岸约 60 海里	阿联酋最大的原油输出港
		Jabal Dhanna	杰贝勒赞奈港	阿联酋西北沿海,濒临波斯湾西南侧	阿联酋主要原油输出港之一
		Fujairah	富查伊拉港	阿联酋东端、阿曼湾西岸	阿拉伯联合酋长国商港

5.1.2　基础设施建设情况

港口基础设施的质量直接影响着港口的发展水平和服务质量,同时也反映港口的作业能力与作业效率。提高港口的基础设施质量可以促进港口服务效率的提高,对各区域的海运发展建设具有重要意义。

2017年,世界银行发布的《全球营商环境报告》中含了各国港口基础设施质量指数的排名,从2012—2017年"21世纪海上丝绸之路"沿线主要国家资料来看(见图5-1),大洋洲(澳大利亚、新西兰)在近几年港口基础设施质量方面稳居第一,并且得分始终保持在5以上;表现较好的分别为西亚、中东欧和东南亚;东非在几大地区中排名一直较为落后,但在最近几年得分在逐渐提高。除西亚和大洋洲外,其他几大地区得分也在逐年提高。

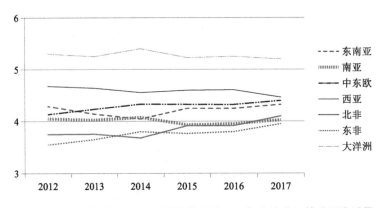

图5-1　"21世纪海上丝绸之路"沿线国家近几年平均港口基础设施质量

表5-10为"21世纪海上丝绸之路"沿线主要国家2017年港口基础设施质量情况,扣除14个数据缺失的国家,在46个国家中,得分在5分以上的国家总共有10个,4分以上的有23个,4分以下的有13个。港口基础设施质量在6分以上的国家只有新加坡和阿联酋。新加坡的港口在世界航运业中扮演着重要角色,其港口基础设施质量得分高达6.7分,接近最高分7分。阿联酋的港口基础设施质量排名第二,为6.2分。得分为5分以上的国家间港口设施质量差距较小,而4分与3分国家的得分差异较为明显。菲律宾和也门得

分低于 3 分,在港口基础设施建设方面还有待加强。

表 5-10　2017 年"21 世纪海上丝绸之路"沿线主要国家港口基础设施质量排名

国家	得分	国家	得分	国家	得分	国家	得分
新加坡	6.7	沙特阿拉伯	4.7	俄罗斯	4.2	柬埔寨	3.7
阿联酋	6.2	以色列	4.7	保加利亚	4.1	孟加拉国	3.6
爱沙尼亚	5.6	埃及	4.7	阿尔巴尼亚	4.1	罗马尼亚	3.5
卡塔尔	5.6	克罗地亚	4.6	黑山	4.1	乌克兰	3.5
新西兰	5.5	阿曼	4.6	格鲁吉亚	4.1	黎巴嫩	3.5
马来西亚	5.4	塞浦路斯	4.6	印度尼西亚	4	阿尔及利亚	3.4
拉脱维亚	5.1	斯里兰卡	4.5	印度	4	坦桑尼亚	3.4
巴林	5.1	土耳其	4.5	巴基斯坦	4	突尼斯	3.3
斯洛文尼亚	5	约旦	4.5	伊朗	4	菲律宾	2.9
摩洛哥	5	肯尼亚	4.5	文莱	3.9	也门	2.6
澳大利亚	4.9	泰国	4.3	科威特	3.8		
立陶宛	4.8	波兰	4.2	越南	3.7		

5.1.3　生产经营情况

　　根据重点 57 个国家的数据可得性,选择 2015—2019 年集装箱吞吐量数据进行分析,从整体上看,世界集装箱港口吞吐量在逐年增加,"21 世纪海上丝绸之路"沿线主要国家集装箱港口吞吐量增长量较小,其总和占世界集装箱吞吐量的比重在 2015—2017 年间呈下降趋势,2017—2019 年间呈增长趋势,但幅度较小,占比最高的年份为 2019 年,占 26.54%。(见图 5-2)

　　2022 年与 2023 年集装箱吞吐量居世界前 50 的港口具体情况见表 5-11,国别吞吐量及比例见图 5-3。2023 年全球集装箱吞吐量为 8.66 亿 TEU,世界排名前 50 的集装箱港口吞吐量总量为 5.56 亿 TEU,约占世界总量的 64.2%。世界吞吐量前 50 集装箱港口来自 25 个国家,分别为中国、新加坡、韩国、阿联酋、马来西亚、荷兰、比利时、越南、泰国、美国、摩洛哥、德国、印度、斯里兰卡、印度尼西亚、沙特阿拉伯、菲律宾、西班牙、希腊、巴西、日本、南非、英国、巴拿马、阿曼,这 25 个国家中包含 14 个除中国外"21 世纪海上丝绸之

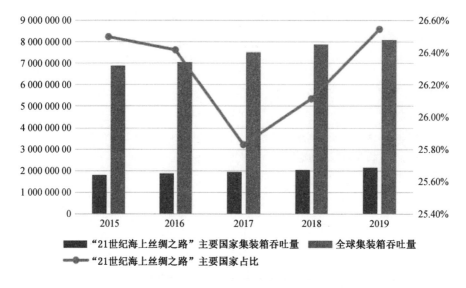

图 5-2 "21 世纪海上丝绸之路"主要国家集装箱港口吞吐量

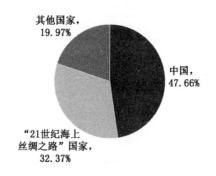

图 5-3 排名前 50 国家集装箱吞吐量总和及占比

路"沿线国家，共 18 个港口，分别为新加坡港、釜山港、杰贝阿里港、巴生港、丹戎帕拉斯港、盖梅-施威港、林查班港、丹吉尔地中海港、科伦坡港、丹戎不碌港、吉达港、胡志明市港、马尼拉港、哈利法港、比雷埃弗斯港、科隆港、泗水港、塞拉莱港。从港口数量上看，前 50 个港口中港口数量最多的国家为中国，共有 15 个，且世界前十的港口中 7 个来自中国，分别为上海港、宁波-舟山港、深圳港、青岛港、广州港、天津港、香港港，世界排名依次为第 1、3、4、5、6、8、10 名，港口数第二多的国家为美国，数量为 5 个，除德国、马来西亚、西班牙、印度、印度尼西亚、越南含 2 个港口外，其他国家港口数均为 1 个。从集装箱吞吐总量看,中国港口集装箱吞吐量总和为 2.65 亿 TEU,占前 50 个港口集装箱吞吐量的 47.66%,"21 世纪海上丝绸之路"沿线国家吞吐量总和为 1.80 亿 TEU,占 32.37%,两者集装箱吞吐量占 80.03%。

表 5-11 全球前 50 集装箱吞吐量港口

排名	港口	国家	2022 年吞吐量/TEU	2023 年吞吐量/TEU	增速
1	上海港	中国	47 300 000	49 158 000	3.93%
2	新加坡港	新加坡	37 300 000	39 013 000	4.59%
3	宁波-舟山港	中国	33 350 000	35 300 000	5.85%
4	深圳港	中国	30 040 000	29 880 000	−0.53%
5	青岛港	中国	25 670 000	28 750 000	12.00%
6	广州港	中国	24 860 000	25 410 000	2.21%
7	釜山港	韩国	22 078 195	22 750 000	3.04%
8	天津港	中国	21 020 000	22 170 000	5.47%
9	杰贝阿里港	阿联酋	14 000 000	14 472 000	3.37%
10	香港港	中国	16 685 000	14 341 000	−14.05%
11	巴生港	马来西亚	13 220 000	14 061 022	6.36%
12	鹿特丹港	荷兰	14 455 000	13 447 000	−6.97%
13	厦门港	中国	12 430 000	12 550 000	0.97%
14	安特卫普-布鲁日港	比利时	13 500 000	12 528 000	−7.20%
15	丹戎帕拉帕斯港	马来西亚	10 500 000	10 480 537	−0.19%
16	盖梅-施威港	越南	5 000 000	9 750 000	95.00%
17	林查班港	泰国	8 740 000	8 868 200	1.47%
18	高雄港	中国	9 490 000	8 834 000	−6.91%
19	洛杉矶港	美国	9 911 156	8 629 681	−12.93%
20	丹吉尔地中海港	摩洛哥	7 596 845	8 617 410	13.43%
21	太仓港	中国	8 000 000	8 039 000	0.49%
22	北部湾港	中国	7 020 000	8 020 000	14.25%
23	长滩港	美国	9 133 657	8 018 668	−12.21%

（续表）

排名	港口	国家	2022 年吞吐量/TEU	2023 年吞吐量/TEU	增速
24	纽约新泽西港	美国	9 493 664	7 810 005	− 17.73%
25	汉堡港	德国	8 332 700	7 700 000	− 7.59%
26	蒙德拉港	印度	6 503 000	7 230 600	11.19%
27	科伦坡港	斯里兰卡	6 860 000	6 949 900	1.31%
28	丹戎不碌港	印度尼西亚	6 417 053	6 700 000	4.41%
29	尼赫鲁港	印度	6 050 000	6 430 000	6.28%
30	日照港	中国	5 800 000	6 260 000	7.93%
31	连云港港	中国	5 570 000	6 136 700	10.17%
32	吉达港	沙特阿拉伯	5 000 000	6 000 000	20.00%
33	胡志明市港	越南	5 500 000	5 500 000	0.00%
34	马尼拉港	菲律宾	5 474 483	5 500 000	0.47%
35	营口港	中国	5 000 000	5 301 818	6.04%
36	大连港	中国	4 460 000	4 963 636	11.29%
37	萨凡纳港	美国	5 892 131	4 927 654	− 16.37%
38	哈利法港	阿布扎比	4 330 000	4 910 000	13.39%
39	瓦伦西亚港	西班牙	5 052 272	4 796 985	− 5.05%
40	阿尔赫西拉斯港	西班牙	4 762 808	4 733 474	− 0.62%
41	比雷埃弗斯港	希腊	4 939 983	4 586 500	− 7.16%
42	桑托斯港	巴西	5 000 000	4 284 000	− 14.32%
43	东京港	日本	4 300 000	4 243 404	− 1.32%
44	不莱梅港	德国	4 614 000	4 180 919	− 9.39%
45	德班港	南非	4 000 000	4 113 821	2.85%
46	菲利克斯托港	英国	3 700 000	4 000 000	8.11%
47	科隆港	巴拿马	4 100 000	3 960 000	− 3.41%
48	泗水港	印度尼西亚	3 800 000	3 900 000	2.63%
49	休斯敦港	美国	3 974 901	3 824 600	− 3.78%
50	塞拉莱港	阿曼	4 503 837	3 794 109	− 15.76%

考虑地区增长率情况,沿线国家集装箱吞吐量波动较大且整体呈减速增长趋势。"21 世纪海上丝绸之路"沿线主要国家在 2016—2019 年间集装箱吞吐量增长率变动幅度明显,特别是中东欧、南亚、北非和东非四个地区,其他地区变化幅度较小且趋于一致。(见图 5-4)

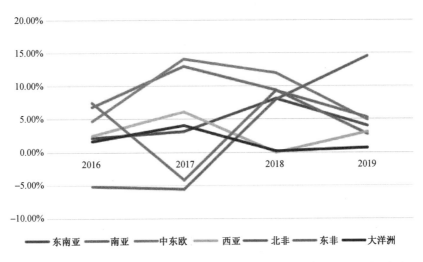

图 5-4 "21 世纪海上丝绸之路"沿线地区 2016—2019 年集装箱吞吐量增长率

世界银行与标普全球市场财智(S & P Global Market Intelligence)推出 2023 年全球集装箱港口绩效排名(简称"CPPI")。本次排名统计了全球 508 个港口的 876 个集装箱码头在 2023 年中的绩效表现,包括 194 198 次船舶靠泊、2.537 亿次 move,最终 405 个港口进入榜单。由于各港口的港区之间绩效表现不一,CPPI 在统计时以港区作为排名主体,如中国港口中上榜的是洋山港而非上海港,宁波港与舟山港分开统计等。集装箱港口绩效排名前 50 如表 5-12 所示。在排名前 50 名的港口中,有 14 个港口来自中国,有 21 个港口分别来自 16 个"21 世纪海上丝绸之路"沿线国家,为阿联酋、阿曼、埃及、巴林、厄瓜多尔、韩国、卡塔尔、马来西亚、秘鲁、摩洛哥、沙特阿拉伯、斯里兰卡、泰国、新加坡、印度尼西亚、越南。其中前五名中,第一名来自中国,为上海洋山港,第二名、第四名和第五名来自"21 世纪海上丝绸之路"沿线国家,分别为阿曼的塞拉莱港、摩洛哥的丹吉尔地中海港、马来西亚的丹戎帕拉帕斯港。前 50 名港口中国及"21 世纪海上丝绸之路"沿线国家占比 70%,展现了其在集装箱发展方面的极大潜力和优势。

表 5-12　2023 年全球集装箱港口绩效前 50 名

排名	港口	国家	排名	港口	国家
1	洋山港	中国	26	卡亚俄港	秘鲁
2	塞拉莱港	阿曼	27	蒙德拉港	印度
3	卡塔赫纳港	哥伦比亚	28	巴生港	马来西亚
4	丹吉尔地中海港	摩洛哥	29	哈利法港	沙特阿拉伯
5	丹戎帕拉帕斯港	马来西亚	30	阿卜杜拉国王港	沙特阿拉伯
6	赤湾港	中国	31	厦门港	中国
7	盖梅港	越南	32	釜山港	韩国
8	广州港	中国	33	盖姆利克港	土耳其
9	横滨港	日本	34	巴塞罗那港	西班牙
10	阿尔赫拉西港	西班牙	35	达曼港	沙特阿拉伯
11	哈马德港	卡塔尔	36	萨沃纳瓦多港	意大利
12	宁波港	中国	37	波索尔哈港	厄瓜多尔
13	妈湾港	中国	38	福州港	中国
14	大连港	中国	39	泽布吕赫港	比利时
15	香港港	中国	40	科伦坡港	斯里兰卡
16	塞得港	埃及	41	皮帕瓦夫港	印度
17	新加坡港	新加坡	42	里约热内卢港	巴西
18	高雄港	中国	43	哈利法本萨勒曼港	巴林
19	维沙卡帕特南港	印度	44	布埃纳文图拉港	哥伦比亚
20	光阳港	韩国	45	林查班港	泰国
21	天津港	中国	46	清水港	日本
22	盐田港	中国	47	卡马拉加尔港	印度
23	丹戎不碌港	印度尼西亚	48	仁川港	韩国
24	连云港港	中国	49	杰贝阿里港	阿联酋
25	蛇口港	中国	50	拉萨罗卡德纳斯港	墨西哥

5.2 国内重点港口发展概况

5.2.1 重点港口基本情况

"21 世纪海上丝绸之路"的繁荣,开辟了国际文化与物质交流的新渠道,加速了世界经济、科技及社会发展,增进了沿线各国人民之间的友谊。其间,海上丝绸之路的几大港口发挥了重要的作用。2015 年 3 月,国家发展改革委、外交部、商务部联合发布的《推动共建丝绸之路经济带和 21 世纪海上丝绸之路的愿景与行动》提到,"加强上海、天津、宁波-舟山、广州、深圳、湛江、汕头、青岛、烟台、大连、福州、厦门、泉州、海口、三亚等沿海城市港口建设","成为'一带一路'特别是 21 世纪海上丝绸之路建设的排头兵和主力军"。

（1）上海港

上海港位于长江三角洲前缘,位居中国 18 000 千米大陆海岸线的中部、扼长江入海口,地处长江东西运输通道与海上南北运输通道的交汇点,是中国沿海的主要枢纽港,是中国对外开放、参与国际经济大循环的重要口岸,也是中国最大的港口。上海港与美国、加拿大、德国、荷兰、西班牙、意大利、比利时、日本、韩国、新加坡等世界上 200 多个国家或地区的 500 多个港口有贸易运输往来,远洋航线每月约 500 班,近洋航线每月近 600 班。上海港的内支线和内贸航线每月约 1 000 班,沿海航线北起丹东、大连,南至湛江、防城港均有航班,溯长江而上,可达沿江各港。2023 年,上海港集装箱吞吐量 4 915.8 万 TEU,连续 14 年位居世界第一,同比增长 3.92%;货物吞吐量 56 350.8 万吨,同比增长 9.69%。上海港作为区域及全球枢纽港口的地位凸显。

上海港作为中国乃至世界航运中心的物流功能示范港,在"一带一路"倡议新形势下,继续加快国际航运中心建设,凸显"丝绸之路经济带"和"海上丝绸之路"海陆运输枢纽港的地位和作用。在城市与区域经济的推动下,上海港码头物流继续保持快速增长的势头。随着洋山深水港一、二期工程的完工和投产运营,上海港国际中转集装箱量稳步增加,港口综合竞争力日益增强。现在洋山深水港码头已经初步建成港区综合服务公共信息平台,港口、海关、海事和边检等部门协调运作,建立一体化的"大通关"平台。

(2) 天津港

天津港处于京津城市带和环渤海经济圈的交汇点上,是"一带一路"重要战略支点、京津冀协同发展、建设北方国际航运核心区的基础支撑、中国(天津)自由贸易试验区的重要组成部分,是天津滨海新区对外开放的门户,连接东北亚与中西亚的纽带。

截至 2023 年底,天津港已开辟 145 条集装箱班轮航线,其中挂靠"21 世纪海上丝绸之路"的集装箱班轮航线增至 66 条,涉及新加坡、印度、巴基斯坦、土耳其、南非、西班牙、法国、德国等国家和地区的 40 多个港口。每月通达"一带一路"沿线国家的集装箱航班超过 300 余班。中远海运集运开通"一带一路"沿线航线 7 条,航线辐射亚洲、欧洲等沿线国家地区。以星、德翔等 5 家船公司合作开辟波斯湾航线,辐射东南亚及中东等沿线国家地区。现代商船、德翔航运等 3 家公司合作开辟的东南亚航线,辐射东北亚、东南亚等沿线国家地区。

天津港是我国沿海的主要港口,是京津冀地区综合运输体系的重要枢纽和对外贸易的主要口岸。2023 年,天津港完成集装箱吞吐量 2 218.7 万 TEU,同比增长 5.5%,持续位居全球十大港口之列,完成货物吞吐量 5.58 亿吨,同比增长 1.8%。从货类结构来看,天津港除集装箱外以煤炭、金属矿石和石油及制品为主,2023 年集装箱占比约 34%,煤炭占比约 16%,金属矿石占比约 21%,石油及制品占比约 13%。

(3) 宁波-舟山港

宁波-舟山港位于我国东南沿海,位于中国大陆海岸线中部、"长江经济带"的南翼,背靠长江经济带与东部沿海经济带"T"型交汇的长江三角洲地区,为中国对外开放一类口岸,是我国大陆重要的集装箱远洋干线港、中国沿海主要港口和中国国家综合运输体系的重要枢纽。

截至 2023 年底,宁波-舟山港已拥有各类航线 300 余条,其中"一带一路"航线达 130 条。这些航线覆盖了 200 多个国家和地区的 600 多个港口,形成了通达全球的庞大海上航线网络。2023 年,宁波-舟山港完成货物吞吐量 13.24 亿吨,同比增长 4.9%,完成集装箱吞吐量达到 3 530 万 TEU,同比增长 5.9%。

（4）广州港

广州港,是中国广东省广州市港口,地处珠江入海口和珠江三角洲地区中心地带,广州港作为中国华南地区最大的综合性枢纽港,为广州和腹地经济的发展作出了重要的贡献,是泛珠江三角洲经济区域的出口通道和中国最重要的对外贸易口岸之一。

广州港与沿海及长江的港口海运相通,国际海运通达世界 80 多个国家和地区的 350 多个港口、与国内 100 多个港口通航。其中,远洋国际航线主要有:红海线、欧洲线、东南亚线、美西线、美加线、地中海线、西非线、非洲线、美洲线、日本线、韩国线等。沿海货运航线主要有:广州港至沿海主要港口间的集装箱内支线和内贸集装箱航线;广州黄埔至日照港、天津港、秦皇岛等港的煤炭运输航线;广州至大连、天津、上海、广西等港的杂货运输航线;广州至大连、福建、江苏南通等港的原油和成品油运输航线。

2023 年,广州港全年完成货物吞吐量 6.95 亿吨,同比增长 9.3%;集装箱吞吐量达到 2 550 万 TEU,同比增长 8.5%,位居全球第五;外贸货物吞吐量达到 1.35 亿吨,同比增长 7.1%;外贸货物吞吐量达到 5.6 亿吨,同比增长 10.2%。

（5）深圳港

深圳港,位于广东省珠江三角洲南部,珠江入海口,伶仃洋东岸,毗邻香港,是珠江三角洲地区出海口之一。深圳港的建设与深圳经济特区同步发展,在推动各行业的发展、扩大对外交流等方面,发挥着重要的作用。深圳港已成为华南地区极具影响力的集装箱大港,连接"一带一路"的国际航运中心。

2023 年,深圳港国际班轮航线通往 100 多个国家和地区的 300 多个港口,累计国际班轮航线达 295 条,不仅覆盖了全球主要贸易区域,还深化了与"一带一路"沿线国家的连接。2023 年,深圳港完成货物吞吐量 2.87 亿吨,集装箱吞吐量 2 998 万 TEU,同比下降 0.53%。

（6）湛江港

湛江港位于中国大陆最南端的广东省雷州半岛东北部的广州湾内,素以天然深水良港著称。湛江港依托的湛江市居于粤、桂、琼沿海的中心位置，是中国西南、华南地区货物进出口的主要通道，也是中国大陆通往东南亚、非洲、欧洲等地区航程最短的港口。

湛江港积极协同联动多方资源，航线及海铁联运布局不断扩展，打造区域集装箱强港。截至 2022 年，湛江港累计开通集装箱航线 27 条、海铁联运专（班）列 27 条。湛江港是全国沿海 25 个主要港口之一，21 世纪"海上丝绸之路"的合作支点港，西南沿海港口群的主体港，中西部地区货物进出口的主通道，中国南方能源、原材料等大宗散货的主要流通中心和区域性集装箱运输中心。拥有 40 万吨级航道，是华南沿海地区通航条件和原油、铁矿石接卸条件一流的港口。2023 年湛江港集团完成货物吞吐量 1.13 亿吨，同比增长 12%，其中集装箱 127.5 万 TEU。

经湛江港中转的大宗货物主要有石油、金属矿石、化肥、非金属矿石、化工产品、煤炭、粮食等。湛江港可承担集装箱、件杂货、散货、重大件、危险品、石油、液体化工品等百余种货物的装卸、储存、转运业务以及旅客和汽车滚装运输，同时还开展货物代理、船舶代理、船舶航修、船舶运输、保税仓储、出口监管仓储等业务，湛江港已成为西南沿海和环北部湾区域性国际航运中心和物流中心。

（7）汕头港

汕头港，是中国广东省汕头市境内港口，位于广东省东部沿海、潮汕平原的南部，居福州至广州黄金海岸中央，成为粤东乃至泛珠三角区域连接"21 世纪海上丝绸之路"沿线国家的重要渠道。

截至 2023 年，汕头港广澳港区外贸集装箱航线已达到 28 条（其中外贸驳船航线 7 条），国际班轮航线直航东南亚、东北亚、远东主要港口，可中转至全球各地。内贸航线 13 条，覆盖营口、天津、日照、上海、宁波、深圳、广州、厦门等十多个全国沿海主要港口，建立起内贸南北转运中心和外贸东南亚航线中心的雏形。2023 年汕头港完成港口吞吐量 3 879 万吨，集装箱吞吐量 175.8 万 TEU，港口航运服务能力、区域影响力、综合竞争力迈上新台阶。

（8）青岛港

青岛港是中国山东省青岛市港口，位于环渤海地区港口群、长江三角洲港口群和日韩港口群的中心地带,是全国沿海主要港口、外贸集装箱运输干线港、外贸进口原油和铁矿石运输主要接卸港、北方煤炭装船港、邮轮始发港,被列为东北亚国际航运中心和世界重要航运枢纽的龙头。青岛港港口水域面积 420 平方千米,青岛港由大港港区、黄岛油港区、前湾港区、董家口港区和威海港区五大港区组成。青岛港业务遍及全球 180 多个国家和地区的 700 多个港口。截至 2023 年,青岛港拥有世界最大的 40 万吨级矿石码头、45 万吨级原油码头,可停靠世界最大的 2.4 万 TEU 船舶的集装箱码头,可停靠世界最大 22.7 万吨级邮轮的专用码头和世界一流的国际邮轮客运中心。

"一带一路"倡议提出以来,青岛港不断完善自身的"国际化战略",从国际友好港缔结、海铁联运、海外项目投资合作等方向做出布局,港口航运是青岛连接世界的桥梁和纽带,也推动了开放型经济的发展。数据显示,2023 年,青岛港集装箱航线总数 226 条,航线数量和密度位居我国北方港口第一,进出口贸易额 8 759.7 亿元,同比增长 4.6%,高于全国 4.4 个百分点,有进出口实绩的外贸企业已超过 2.5 万家。2023 年,青岛港完成货物吞吐量 6.64 亿吨,同比增长 5.8%,完成集装箱吞吐量 3 002 万 TEU,同比增长 11.9%,规模分别位居世界第四位和第五位,港口主业实现标志性跨越。

(9) 烟台港

烟台港位于中国山东半岛北侧芝罘湾内,东北亚国际经济圈的核心地带,是中国沿海南北大通道的重要枢纽和贯通日韩至欧洲新欧亚大陆桥的重要节点。烟台港是我国沿海主要港口,是国家正在建设的同江至三亚沿海南北大航道的重要节点,在全国综合运输网中居于重要地位。

烟台港与 150 多个港口保持通航和贸易往来,与中海、中远、南青、大连集发、中韩轮渡、烟台海运等国内外知名的 20 余家集装箱船公司合作开展集装箱运输业务,并与中海集团、南青公司建立了战略合作关系。已开通至丹东、大连、营口、锦州、秦皇岛、京唐、天津、上海、温州、泉州、深圳、广州黄埔等港口的内贸航线以及至日本、韩国、新加坡和美国等国家的外贸航线。2023 年,烟台港完成货物吞吐量 4.85 亿吨,集装箱完成 463 万 TEU,成功跻身全球沿海港口前十。

（10）大连港

大连港位于辽东半岛南端，濒临黄海，是一个深水天然良港，是南北水陆交通的重要枢纽，也是我国最大的散粮、石油进出口岸及主要对外贸易港口，是正在兴起的东北亚经济圈的中心，是该区域进入太平洋，面向世界的海上门户。大连港集团与世界上 160 多个国家和地区、300 多个港口建立了海上经贸航运往来关系，开辟了集装箱国际航线 75 条，已成为中国主要集装箱海铁联运和海上中转港口之一。

大连港是我国面向太平洋最近的国际港口，是"21 世纪海上丝绸之路"重要节点，拥有覆盖国内外 300 多个地区的发达的航线网络，从国内情况来看，其内贸航线网络布局主要连接了华南与华东等地。从近海布局来看，大连港与多个国际主要港口相连。随着"一带一路"建设的不断推进，这一数量还在不断增加。目前，大连港已开设"辽满欧""辽蒙欧""连哈欧"等 18 条中欧班列，不仅为货物运输提供了更多的选择，而且有助于加快"大连港口型国家物流枢纽"的建设速度。根据运输方式及距离，大连港航线布局分为四个部分：远洋航线、近洋航线、内支线及内贸航线。

大连港是东北地区进入太平洋、面向世界的海上门户，积极推进集装箱内外贸航线及多品种货源的开发，大连港货运吞吐量和集装箱吞吐量保持平稳增长。2023 年大连港完成集装箱吞吐量 496.36 万 TEU，同比增长 11.29%，东北地区 98.5% 以上的外贸集装箱货物通过大连港转运。

（11）福州港

福州港是我国沿海主枢纽港之一和综合运输体系的重要枢纽，是建设对外开放、协调发展、全面繁荣的海峡西岸经济区，做大做强省会中心城市，在全面建成小康社会的基础上，基本实现社会主义现代化的重要依托，是福州市及闽江流域发展外向型经济和连接国际市场的重要支撑，是福建省对台"三通"的重要口岸。

福州港航线覆盖了"21 世纪海上丝绸之路"的主要沿线国家，与这些国家经贸往来的加强带动了福州港口吞吐量的增长。从海上航线布局来看，"21 世纪海上丝绸之路"是福州港航线密度最大的区域，覆盖了中东航线、西非航线、东南亚航线和南美航线等，福州到欧洲、地中海、中东等"21 世纪海上丝绸之路"沿线国家每周都有定期班轮。

2023 年,福州港全港货物吞吐量达到了 3.32 亿吨,同比增长 10.1%,排名全球第 17 位,较 2022 年提升 2 位。作为福州港的重要组成部分,江阴港区在 2023 年货物吞吐量达到了 4 287.54 万吨,同比增长 11.45%。此外,江阴港区的集装箱吞吐量也实现了显著增长,达到 228.68 万 TEU,同比增长 8.3%。罗源湾港区在 2023 年度货物吞吐量突破 1 900 万吨大关,同比增长 25%,全年货物总吞吐量、散货接卸量和集装箱箱量三项生产指标均创开港历史新高。

(12) 厦门港

厦门港位于我国东南沿海,台湾海峡西岸,是我国沿海主要港口之一,国家一类开放口岸,中国东南国际航运中心,全国综合运输体系的重要枢纽、集装箱运输干线港、对台航运主要口岸,也是闽南、闽西的主要出海口岸。

厦门港集装箱班轮通达全球,对外覆盖欧洲、美国、波斯湾、非洲、南美、澳洲以及日本、韩国和中国香港、中国台湾等 50 多个国家和地区的 130 多个港口;对内连接大连、上海、潮州等 10 余个国内港口。其中 100 条国际航线遍及北美、欧洲、中东、澳洲、红海、非洲、东南亚以及东北亚等地区,截至 2023 年,"一带一路"航线达 83 条。2023 年厦门港完成货物吞吐量 2.2 亿吨,集装箱吞吐量 1 255.37 万 TEU,双双实现正增长。

(13) 泉州港

泉州港位于台湾海峡西岸,是"21 世纪海上丝绸之路"的战略支点之一;是福建沿海地区性重要港口,是福建省综合运输体系的重要枢纽;是海峡西岸经济区对外开放、对台运输的重要通道;是泉州市促进地区经济发展和产业结构调整、实现现代化的重要支撑。

泉州港的航线涵盖多个国家和地区,包括中东、金门、东南亚等,与印度、印度尼西亚、菲律宾、越南、泰国、马来西亚等"21 世纪海上丝绸之路"沿线国家通航。截至 2023 年 12 月底,泉州港拥有集装箱班轮航线 41 条,其中国际航线 6 条、内贸线 30 条,通达国内沿海主要港口。围头港区已开通至厦门内支线,至东南亚、中国香港的国际集装箱航线,以及十几条覆盖全国沿海、长江沿岸主要港口的内贸集装箱班轮航线,初步形成了层次分明、密集有序的集装箱运输网络。泉州港 2023 年完成货物吞吐量 6 302.84 万吨,集装箱吞吐量 190.78 万 TEU。

（14）海口港

海口港地处海南岛北部海岸线,是中国沿海主要港口之一,也是海南省水、陆对外联系的窗口和门户,处于海南省综合交通运输网的连接点和中心,未来海口港将发展成为北部湾地区重要的物流中心之一,在我国沿海港口发展战略中被交通部列为沿海主要港口和海南省国际集装箱干线港口。

截至 2022 年,海南省已开通内外贸航线 52 条,其中内贸航线 34 条,外贸航线 18 条。这些外贸航线连接了新加坡、越南、马来西亚、缅甸、泰国、菲律宾、澳大利亚、日本等 RCEP 成员国的主要港口,形成了"兼备内外贸、通达近远洋"的航线新格局。2023 年,海口港货物吞吐量完成 12 369.3 万吨,同比增长11.3%。2023 年,海口港集装箱吞吐量完成 144.5 万 TEU,同比下降 32.7%,其中集装箱外贸吞吐量完成 9.6 万 TEU,同比下降 15.6%;旅客吞吐量完成1 925.8 万人次,同比增长 62.2%;滚装汽车完成 536.4 万辆,同比增长 43.2%。

（15）三亚港

三亚港位于海南岛南部,介于鹿回头岭与马岭之间,港外有东、西瑁洲为屏障,以国际客运为主、货运为辅,是海南省东南部对外贸易和游客往来的主要口岸。港内水深适宜,港口设备和助航设施完善,船舶可昼夜进出,是海南岛南部最大的商、渔港。三亚港逐渐发展成为集客运、货运、渔港及旅游等于一身的综合性港口。

三亚港水路可通全国沿海各港,已与日本、泰国、新加坡等 24 个国家和地区有海运贸易往来,与越南岘港距离 149 海里,12 小时航达,是东南亚各国华侨与旅游者来华便捷通道。三亚港区现进港航道为人工疏浚航道,长 1 800 米,分为两段,里段航道长 1 400 米,宽 140 米,底高程 - 10.9 米,外段航道长 400 米,宽 145 米,底高程 - 7.0 米,底质为泥沙,航道走向为 251°30′—71°30′。

随着三亚市"三港分离"(客运、货运、渔港)的实施,三亚港区功能将调整为"以旅游观光娱乐、旅游客运和国际邮轮挂靠为主"的港区。三亚凤凰岛国际邮轮港是中国第一个国际邮轮专用港口,也是海南省的重点工程项目。凤凰岛国际邮轮港于 2007 年正式建成通航,码头有 8 万吨级、15 万吨级和

22.5 万吨级。凤凰岛国际邮轮港的建设,完善了海南国际旅游岛海陆空立体交通网络,填补了国际邮轮不能停靠三亚的空白,是世界了解中国的重要窗口,也是国人走向世界、开发南海的前沿阵地。

三亚港已与 30 多个国家和地区的港口通航,进出口货物主要为水泥、金属矿石、矿建材料、非金属矿石等。按照规划,将货运码头搬迁至三亚南山港工业开发区。按照规划,南山港区将建成多功能综合性现代化港口。

5.2.2 基础设施建设情况

自 2012 年起,我国沿海港口基础设施建设基本可以分为以下三个阶段:

第一阶段:增长高潮(2012—2014 年)。从 2012 年起,我国沿海港口基础设施建设迎来了第二轮增长高潮,至 2014 年新增产能增长至 6.8 亿吨。

第二阶段:合理下降(2015—2022 年初)。2014 年后,沿海港口基建进入合理下降通道,2018 年国家出台了长江大保护等资源要素收紧政策,加之中美贸易摩擦,供需两方面均踩刹车,2019 年新增产能降至 2.8 亿吨,2020 年新冠疫情暴发,国际外贸订单大量回流国内,各地政府和港口企业重视基础设施建设,2020—2022 年沿海港口新增产能回升至 3 亿吨、1 000 万 TEU 以上水平。

第三阶段:第三轮增长期(2023 年起)。2023 年各地出台经济刺激政策,政府与港口企业合力拓展市场,沿海港口需求实现较快增长,"十四五"时期迎来新世纪第三轮基建规模增长期,在 2021 年和 2022 年相继建成投产3.4 亿吨、4.4 亿吨总产能的基础上,2023 年沿海港口基本建设继续取得平稳增长的可喜成绩。

2023 年沿海港口建设投资 912 亿元,同比增长 14.8%,规模创 2015 年以来的新高,连续 4 年回升,基础设施建设情况可以从以下四个方面进行总结:

(1) 泊位供给稳定增加

2023 年沿海港口新建与改造净增生产性泊位 151 个,其中万吨级及以上泊位 100 个,分别同比增长 -2.6% 和 33.3%;净增年通过能力为 4.78 亿吨,形成固定资产 1 421 亿元,分别同比增长 8.0% 和 75.0%。按供给方式分,新建增加生产性泊位 160 个,年通过能力为 3.74 亿吨,其中：万吨级及以上泊位 93 个,占比 58.5%;改造净减少生产性泊位 9 个,但净增万吨级及以上泊位 7 个,增能 1.04 亿吨。全年净增码头泊位总长 35.5 千米,同比增长 11%。

（2）泊位大型化继续发展

2023 年沿海港口新增万吨级及以上泊位 100 个,新增通过能力 4.02 亿吨,分别占新增总量及通过能力的 66.7% 和 84.5%,其中：新增 5 万—10 万吨级泊位 63 个,新增通过能力 2.27 亿吨,分别占新增万吨级及以上泊位总量及通过能力的 63% 和 56.5%;新增 10 万吨级以上大型深水泊位 21 个、通过能力 1.61 亿吨,分别占新增万吨级及以上泊位总量及通过能力的 21% 和 40%。

（3）港口专业化水平提高

2023 年沿海港口新增煤炭、石油化工、集装箱、散粮、滚装车、LNG 等专业化泊位 47 个,总通过能力 2.58 亿吨,分别占新增总量及通过能力的 31.3% 和 54.0%,特别是集装箱、LNG、商品车滚装和煤炭、原油码头等专业化码头通过能力进一步扩大,供给的针对性和有效性明显增强。

（4）泊位结构优化调整

2023 年沿海港口通过更换或新增装卸机械、调整配套皮带机设备等方式,实现泊位升等、功能调整、专业化改造、集疏运系统配套完善等改扩建项目;与此同时,位于老港区的码头功能调整和城市化改造取得新进展,港城矛盾突出且不适应现代港口装卸运输的老旧泊位相应减少。上述两类改造净减少生产性泊位 11 个,其中减少中级泊位 14 个、小型泊位 2 个,增加一般货物通过能力 0.95 亿吨,增加集装箱通过能力 410 万 TEU。

（5）通航条件持续改善

2023 年沿海港口完成航道项目主要有天津港北航道扩建工程、唐山港京唐港区四港池航道工程、黄骅港煤炭港区 7 万吨级双向航道一期工程及 20 万吨级主航道升级 30 万吨级工程、日照港岚山港区南作业区主航道改扩建工程、盐城港大丰港区 15 万吨级深水航道二期工程、台州港头门港区进港航道一期工程、钦州港金鼓江航道二期工程等。温州港核心港区深水进港航道工程等在建大型航道工程项目取得不同程度的进展。在中央预算内资金的支持和引导下,沿海港口航道建设成绩显著,通航条件继续改善。

（6）重大水运工程加快建设

一系列水运重大工程建设为经济社会发展提供了坚实保障：上海洋山港小洋山北作业区集装箱码头加快建设；宁波-舟山港梅山港区二期工程完工，成为我国乃至全球唯一拥有双"千万箱级"吞吐能力单体集装箱码头的港口；江苏连云港首个 40 万吨级泊位建成；广州南沙港区四期工程(一阶段)竣工验收；海南洋浦区域国际集装箱枢纽港扩建工程开工。

5.2.3　生产经营情况

2023 年以来，国民经济整体上延续了回升向好的态势，支撑了港口吞吐量的增长。此外，受 2022 年吞吐量基数偏低的影响，2023 年全国沿海港口吞吐量快速增长。我国 2023 年沿海港口生产经营情况可以从以下三个方面进行总结：

1. 沿海港口货物吞吐量大幅增长

2023 年全国沿海港口货物吞吐量 108.35 亿吨，同比增长 6.9%，其中外贸货物吞吐量 45.28 亿吨，同比增长 9.5%，增速创十年来新高。全年港口走势与宏观经济一致，呈现出"先好、后高、趋稳"的特征，一季度港口生产实现较好开局，吞吐量同比增长 5.5%；二季度在去年同期低基数的影响下，吞吐量增速回升至 9.1%，月度增速逐步放缓，从 2 月、3 月、4 月开始增速均达到两位数，7 月放缓至 5.3%；三季度、四季度随着一系列"稳增长"政策逐步落实，港口吞吐量增速总体保持较快增长，但随着基数因素影响逐步减弱，增速有所回落，分别同比增长 7.6% 和 5.9%。

从吞吐量增量贡献来看，煤炭、石油及制品、金属矿石的贡献率分别为 15.8%、15.7% 和 14.9%。煤炭消费量保持小幅增长，2023 年我国海运煤炭调入量、煤炭一次下水量分别完成 12.5 亿吨、8.8 亿吨，同比分别增长 9.6%、下降 2.7%，沿海港口煤炭吞吐量 25.2 亿吨，同比增长 5.4%。年内钢铁行业运行平稳，全年粗钢产量与 2022 年基本持平，全年我国沿海港口铁矿石总吞吐量达到 20.2 亿吨，同比增长 6.1%，其中，外贸进口矿石完成接卸量 12.6 亿吨，同比增长 5.0%。在国内石化行业需求恢复、原油加工量快速增长、外贸原油进口量高速增长等因素共同影响下,我国沿海原油吞吐量和外贸原油进口量同比均实现大幅增长,2023 年我国沿海港口原油吞吐量 7.6 亿吨,同比增长 13.4%;外贸原油进港量 5.3 亿吨,同比增长 13.0%。

2. 集装箱吞吐量增速回升

2023 年我国完成集装箱吞吐量 3.1 亿 TEU,同比增长 4.9%,其中沿海港口集装箱吞吐量 2.72 亿吨,同比增长 4.3%,实现超预期增长。一季度港口集装箱吞吐量同比增长 3.5%,实现良好开局;二季度在上年同期低基数的影响下增速快速回升,达到 6.0%,其中 4 月达到 8.6%;三季度总体保持平稳增长,为 5.9%,其中 6—9 月连续 4 个月集装箱吞吐量均超过 2 700 万 TEU;四季度在上年较高基数的影响下增速有所回落,至 3.5%。区域方面,南北差异明显,北方港口增速明显快于南方,大连、营口、青岛、连云港港均实现两位数增长,南方上海、宁波-舟山、厦门、深圳、广州港增速均在 5% 以内。

国际线集装箱与周边主要港口发展同步,航线结构进一步调整。2023 年 1—11 月我国港口国际航线集装箱吞吐量同比增长 3.8%,与周边釜山港 (3.2%)、新加坡(4.6%)、巴生港(4.8%)保持同步增长势头。2020—2023 年国际航线空箱比重从 31.6% 上升至 37.0%,总体呈现上升趋势,但年度增幅有所减缓。近期从监测数据看,随着欧美需求旺季的到来,国际航线重箱实现较快增长,美国西海岸港口长滩港和洛杉矶港增速也快速恢复,2023 年 11 月集装箱吞吐量增速均在 20% 左右。

3. 港口企业盈利增长分化,资本市场表现良好

2023 年 A 股上市的 16 家港口上市公司经营数据见表 5-13,16 家企业完成营业收入 1 967.45 亿元,营业收入总量同比增长 0.82%,其中 5 家上市公司收入下滑,分别为招商港口 -2.96%、日照港 -3.58%、锦州港 -4.79%、重庆港 -0.25%、青岛港 -5.66%,其余 11 家公司收入增加。合计实现净利润 362.9 亿元,净利润总量同比下降 4.5%,其中 4 家上市公司盈利出现下滑,分别为厦门港务 -5.86%、日照港 -9.54%、上港集团 -23.34%、锦州港 -35.71%,其余 12 家上市公司盈利上涨。9 家公司实现收入与净利润同时

增加。16 家公司平均净资产收益率为 6.41%,超过平均水平的公司从
2022 年的 2 家扩大到 6 家,行业盈利能力较 2022 年更加均衡。

表 5-13 2023 年港口上市公司经营数据

企业	营业收入/亿元	增速	净利润/亿元	增速	净资产收益率
北部湾港	69.50	8.95%	11.27	10.47%	8.04%
厦门港务	229.27	4.24%	2.32	−5.86%	4.75%
招商港口	157.50	−2.96%	35.72	6.98%	6.07%
南京港	9.38	7.03%	1.66	18.28%	5.34%
日照港	81.57	−3.58%	6.41	−9.54%	1.38%
上港集团	375.52	0.73%	132.03	−23.34%	11.25%
锦州港	28.16	−4.79%	0.82	−35.71%	1.22%
重庆港	49.49	−0.25%	6.27	339.7%	10.03%
天津港	117.04	8.15%	9.82	32.6%	5.27%
唐山港	58.45	4%	19.25	13.93%	9.64%
连云港	25.22	0.52%	1.89	16.98%	3.87%
宁波港	259.93	0.12%	46.68	10.45%	6.36%
广州港	131.94	3.59%	10.79	0.01%	5.35%
青岛港	181.73	−5.66%	49.23	8.72%	12.22%
秦港股份	70.55	1.96%	15.31	17.03%	8.31%
辽港股份	122.20	0.43%	13.43	1.93%	3.40%

5.3 合作建设港口发展概况

5.3.1 基本情况

自"一带一路"倡议提出以来,我国海外港口合作建设由单点建设逐步转
向全球性网络布局,由建设为主逐步拓展到后期的运营管理,由局部区域逐

步迈向全球。目前我国企业海外港口项目合作方式主要包括三种：一是基础设施项目承建，即承建港口码头及配套设施与后方腹地园区，如埃及塞得港、斯里兰卡科伦坡港等；二是港口股权收购，即同港务局、港口运营企业签订股权转让协议，如比利时安特卫普港、斯里兰卡汉班托塔港等；三是港口经营权获取，即港口特许经营权、港口租赁、港口土地所有权和使用权转让，如希腊比雷埃夫斯港、巴基斯坦瓜达尔港等。随着海外港口项目合作经验提升，中资企业参与海外港口项目的策略也在不断变化，开始从以往参股向要求控股、从参与建设向参与运营转变。在发展过程中，经常出现随着基础设施承建的完成进一步获得经营权的转让，总体呈现不同方式融合演进的特征。

1. 东南亚和南亚区域

东南亚和南亚是我国经贸发展的重要区域，东盟目前是我国第一大贸易伙伴。在该区域，我国参与投资运营的港口主要有新加坡的中远-新港码头、马来西亚的关丹港和黄京港、文莱的摩拉港、缅甸的皎漂港、斯里兰卡的科伦坡港和汉班托塔港、巴基斯坦的瓜达尔港等。十年来，我国企业在该区域参与建设运营的主要港点从单点增加为 8 个港点（不包括招商局港口与达飞海运合资运营的 4 个东南亚码头）。汉班托塔港与后方产业的联动发展也逐步走向深入。

2. 西亚和北非

西亚和北非是我国对外经贸合作的重点区域。该区域，区位优势明显，在全球海运格局和国际物流体系中占有重要地位。该区域经济总体上相对落后，具有改善基础设施、加快工业化和城镇化发展的内在动力。在该区域，我国参与合作建设运营的港点主要有吉布提的吉布提港（港口后方的吉布提自由贸易园区、亚吉铁路也由我国公司合作建设运营）、埃及的苏伊士运河码头、苏丹港牲畜码头、阿联酋的阿布扎比哈里法码头、以色列的海法新港、土耳其的（昆波特）港等。十年来，我国在该区域合作建设、投资运营的主要港点从单点增加为 8 个港点（包括 2023 年新投资的埃及苏科纳港口新集装箱码头，以及苏丹港牲畜码头、以色列的海法新港）。

3. 欧洲

欧洲区域是我国传统的经贸往来对象,经济较为发达,基础设施水平较高。欧洲债务危机后的几年,加上受过去几年的新冠疫情影响,港口腹地经济发展相对缓慢,港口吞吐量增长乏力,港口盈利差,对外部资本介入、并购具有一定需求。我国以中远海运集团为代表,紧抓机遇,积极输出公司的管理、技术、人才等加大与相关国家合作建设并运营重要港点,不断完善港航服务区网络。在该区域,我国参与建设运营的港点主要有比利时的安特卫普港和泽布吕赫港、荷兰的鹿特丹港 Euromax 码头、法国的 Terminal Link 码头公司、意大利的瓦多码头、西班牙的 Noatum 港口公司、希腊的比雷埃夫斯港等。十年来,我国在该区域合作建设运营的主要港点从 2 个增加为 10 个(包括 2023 年新收购的汉堡港码头、2020 年投资收购的乌克兰和荷兰的两个码头)。目前,该地区是我国参与建设运营海外港点最多的区域。

4. 非洲

在非洲我国参与港口工程项目建设的比较多,参与建设运营的码头主要有:招商局集团参与投资运营的多哥洛美港口集装箱码头和尼日利亚庭堪国际集装箱码头,烟台港参与投资建设运营的几内亚博凯矿业码头,中国港湾负责建设、参与运营的喀麦隆克里比深水港集装箱泊位等。十年来,我国在该区域参与投资运营的主要港点从单点增加为 4 个。

5. 大洋洲和美洲

大洋洲的澳大利亚是我国重点的经贸合作对象。该区域我国合作建设运营的港口主要有 3 个:中投公司参股 20%合作运营管理的墨尔本港,招商局有 98 年管理以及土地租赁权的纽卡斯尔港,以及中国岚桥集团 2015 年以 5.06 亿澳元获得 99 年经营权的达尔文港。

在北美,我国企业参与投资运营的港点主要是中远海运集团的西雅图码头。拉丁美洲是我国经贸合作的重点区域,也是我国能源、农矿产品等的重要进口地区。在该区域,我国合作建设运营的港点主要有 3 个:岚桥集团收购的巴拿马玛格丽特岛港,2018 年招商局集团收购的巴西巴拉那瓜港,以及 2019 年中远海运集团收购的秘鲁钱凯码头。

2012 年,我国在海外港口的布局刚刚起步,在美洲没有投资运营的港口。 2022 年,巴西巴拉那瓜港完成集装箱吞吐量 116 万 TEU,西雅图码头完成集 装箱吞吐量 28 万 TEU。十年来,我国上述地区合作建设运营的主要港点增 加到 7 个。近几年,该区域主要的新变化是,2020 年,招商局港口与达飞海运 完成首期 7 个海外码头的收购。其中包括美洲的牙买加金斯顿自由港码头有 限公司(Kingston Freeport Terminal Limited)的 100% 股权。

5.3.2　典型案例

1. 比雷埃夫斯港

比雷埃夫斯港位于希腊首都雅典东南部约 10 千米的地中海之滨,地处巴 尔干半岛南端,处于欧洲、中东和非洲的中间,连接直布罗陀海峡和地中海的 东部,地理位置十分优越,是由地中海前往大西洋、由红海前往印度洋,以及 由马尔马拉海前往黑海的优良中转港,是"21 世纪海上丝绸之路"的重要一 站,也是中国通往欧洲的枢纽港口。比雷埃夫斯港港区面积 272 万平方米,海 岸线 24.2 千米,连接着欧亚非三地,是希腊国内第一大港,享有"欧洲南大门" 之称,是中欧的门户。

从中国到欧洲的货物,与以往通过苏伊士运河抵达汉堡港或鹿特丹港后 进入中东欧的运输线路相比,中欧陆海快线将使货运时间减少 7 至 11 天。比 港 + 中欧陆海快线的运输通道成功连接,将进一步加强中国与中东欧各国的 连通,深化中国与中东欧国家的经贸合作。比雷埃夫斯港因此成为"一带一 路"建设中连接陆海的又一重要支点。比雷埃夫斯港的主要贸易航线如下图 5-5 所示。港口功能布局如图 5-6 所示。

中远海运比雷埃夫斯集装箱码头有限公司(Piraeus Container Terminal S. A. ,简称 PCT)是中远海运在海外的第一家大型全资集装箱码头项目。从 2008 年获得相关码头特许经营权,到 2016 年完成比港的收购,中远海运集团

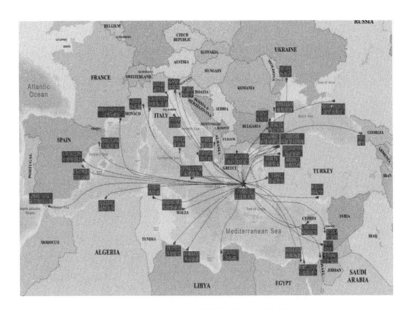

图 5-5 比雷埃夫斯港主要航线

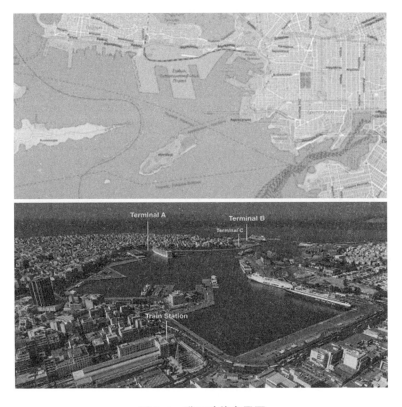

图 5-6 港口功能布局图

获得比雷埃夫斯港务局的全面经营权,包括目前的集装箱码头、邮轮码头、渡轮码头、汽车码头、仓储物流、修船造船在内的六大板块经营业务。比港使得中国可以更快、更便捷地连通欧洲,是亚洲和欧洲沟通的桥梁,中远海运比港项目不仅被视为中国和希腊合作的成功典范,还成为"一带一路"合作的重要支点,为我国深入推进"一带一路"建设、切实加强中欧互联互通积累了极为宝贵的实践经验。

在"一带一路"倡议推动和中远海运多年来的辛勤耕耘下,比雷埃夫斯港目前已成为全球发展最快的集装箱港口之一。比雷埃夫斯二号、三号两个集装箱码头,拥有 2 849 米的作业岸线、8 个泊位,集装箱年处理能力达 620 万 TEU,能满足当前和未来数年,全球最大型集装箱船舶全天候作业服务需要。表 5-14 为比雷埃夫港基本设施、设备增加情况。

表 5-14　比雷埃夫港基本设施、设备增加情况

基本设施、设备增加情况					
时间（年）	能力提升情况	泊位数（个）	岸线（米）	设备扩充情况	处理能力
2009	无	4	1 487	12 台老旧桥吊	150 万 TEU
2013	在原有基础上进行改造、新增设备,提高处理能力	4	1 487	新增 6 台超巴拿马型桥吊	320 万 TEU
2013	新建 3 号码头东侧泊位,新增作业岸线 600 米	6	2 087	新增 5 台超巴拿马双起升桥吊	430 万 TEU
2019	扩建 3 号码头西侧泊位,新增作业岸线 762 米	5	2 849	新增 8 台超巴拿马双起升桥吊	620 万 TEU
2024	滚装码头面积扩大 4 万余平方米	/	1 100	/	5 100 辆汽车停放

目前,共有 28 家船公司的 52 条航线挂靠比雷埃夫港,其中 13 条为干线航线,辐射范围到达西北欧、美东、美西、远东、澳洲、中东等地区;支线已基本实现了对地中海、黑海、东非和北非地区全覆盖。表 5-15 为比雷埃夫港新增航线情况。

表 5-15　比雷埃夫港航线增加情况

PCT 近三年航线增加情况	
2017	印度、红海—地东、欧洲、地中海—大西洋、北非（摩洛哥）—地中海
2018	THE 联盟远东—地西、威尼斯—比港、北非（叙利亚）—地东
2019	马士基南美—欧洲、OA 联盟远东—北欧、里约卡—比港、比港—黑海

2. 科伦坡港

斯里兰卡是南亚地区重要的海上交通枢纽,是太平洋到印度洋海上通道的"十字路口",是印度次大陆货物进出海外的重要中转港,扼守着中东和东亚之间的海洋运输线要冲,是美洲航线、欧洲航线、中东航线以及东亚航线的重要路径,战略地理位置极其重要。科伦坡港又名科伦坡港人工港,是世界上最大的人工港口之一,也是欧亚、太平洋、印度洋地区的世界航海线的重要中途港口之一。

科伦坡港港区面积达到 24 000 平方米,共有 2 个港区入口,港口水深在9 米到 11 米,条件优良,适宜停靠大型、超大型船只,可同时停放 40 艘超大型船只及若干中小型船只。港口在西南面、东北面、西北面分别有三道防波堤,一面向海,位置绝佳,方便船只进出。装卸设备有各种岸吊、汽车吊、门式集装箱吊、铲车及直径为 254—609.6 毫米的输油管等,其中集装箱最大起重能力为 35 吨。装卸效率:燃油每小时 500 吨,原油每小时 1 000 吨。码头最大可停靠 6 万载重吨的船舶,铁路线可以直通码头进行装卸作业。码头还有专用的卸粮设备,可将面粉直接装进工厂,每小时卸 200 吨。

科伦坡国际集装箱码头有限公司(CICT)是由招商局港口控股有限公司与隶属于斯里兰卡政府的斯里兰卡港务局组成的合资公司,两家占股比例分别为 85% 和 15%。CICT 赢得建设、营运科伦坡集装箱码头的 35 年 BOT(投资、建设、经营)合约,并将在营运期满后将码头交还给斯里兰卡政府。码头参数与示意图如表 5-16 和图 5-7 所示。CICT 是位于斯里兰卡西南部的深水自由港,是连接亚洲和欧洲贸易航线的必经之路和南亚重要中转枢纽。码头于 2013 年正式开港运营,现有 3 个大型集装箱深水泊位,占地 58 公顷,设计年吞吐能力达 240 万 TEU。码头岸线水深 −18 米,桥吊外伸距 70 米,是目前为止南亚地区中唯一可停靠 19 000 TEU 级集装箱船舶的码头。

表 5-16　科伦坡港码头参数

内容	数据	单位
集装箱专用泊位数	3	个

（续表）

内容	数据	单位
泊位岸线总长	1 200	米
泊位最大水深	−18	米
集装箱设计通过能力	240	万 TEU
总面积	58	万平方米
桥吊数量	12	台
龙门吊数量	40	台

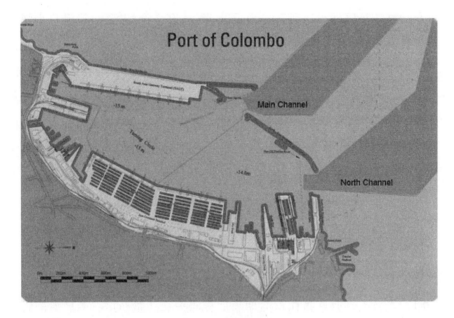

图 5-7 码头示意图

发展篇

迈向海运强国

——通八方　纳百川　长风万里启新程

第 6 章
保障丝路海运供应链总体安全

　　党的二十大报告提出,"以新安全格局保障新发展格局",对推进国家安全体系和能力现代化,坚决维护国家安全和社会稳定作出战略部署,强调"要健全国家安全体系,增强维护国家安全能力"。报告强调,"确保粮食、能源资源、重要产业链供应链安全,加强海外安全保障能力建设"。海运承担了我国约 95% 的对外贸易运输量,在国际国内物流供应链稳定畅通中发挥了重要作用,航运安全是国家安全的重要方面。

　　近年来,苏伊士运河堵船、红海危机等事件凸显了海运供应链安全的重要性。在全球化时代,海运在维护国家海洋权益和保障经济安全、推动对外贸易发展、促进产业转型升级等方面具有至关重要的作用。海运供应链安全是国家安全的重要方面,这是贯彻总体国家安全观的必然要求。中国一些重要资源和能源对外依赖度高,一旦海运供应链中断或受阻,社会生产和人们生活将受到严重影响。当今世界,单边主义、保护主义抬头,经济全球化遭遇逆流,能源安全和资源安全存在着巨大的隐患。因此,必须统筹高质量发展和高水平安全、坚持总体国家安全观,把安全发展理念贯穿海上航运发展的各领域和全过程,保障海运供应链总体安全。

6.1 "21 世纪海上丝绸之路"通道现状

"21 世纪海上丝绸之路"穿越太平洋、印度洋,辐射范围包括亚洲、非洲、欧洲、大洋洲,连接了 60 多个国家和地区,根据"21 世纪海上丝绸之路"重点建设方向,运输大通道的总体布局为从我国沿海港口出发,连通东南亚、南亚、西亚、北非、东非、大洋洲和欧洲大部分地区国家的沿海港口,呈现出"一横一纵"两大主要运输干线通道。"一横"为我国沿海港口出发向西,最终抵达欧洲国家的西向通道;"一纵"为我国沿海港口出发向南,最终抵达南太平洋国家的南向通道。

根据通道连通的目的国不同,西向大通道可划分为五条主要子通道,即泰国湾通道、孟加拉湾通道、波斯湾通道、东非通道,以及中东欧通道,如表 6-1 所示。

表 6-1 西向大通道

子通道	具体通道走向	主要连通国家
泰国湾	中国沿海诸港—南海—泰国湾	越南、泰国、柬埔寨
孟加拉湾	中国沿海诸港—南海—马六甲海峡—安达曼海—孟加拉湾	印度、孟加拉国、缅甸
波斯湾	中国沿海诸港—南海—马六甲海峡—安达曼海—阿拉伯海—霍尔木兹海峡—波斯湾	印度、巴基斯坦、伊朗、沙特阿拉伯
东非	中国沿海诸港—南海—马六甲海峡—印度洋—东非	肯尼亚、坦桑尼亚
中东欧	中国沿海诸港—南海—马六甲海峡—印度洋—曼德海峡—红海—苏伊士运河—地中海—中东欧港口/黑海—中东欧港口	新加坡、马来西亚、印度尼西亚、斯里兰卡以及罗马尼亚、保加利亚、斯洛文尼亚、爱沙尼亚、克罗地亚、阿尔巴尼亚、黑山、乌克兰、俄罗斯

南向大通道可划分为三条主要的子通道,即澳西通道、澳新通道和南太平洋通道,如表 6-2 所示。

表 6-2　南向大通道

子通道	具体通道走向	主要连通国家
澳西	中国沿海诸港—南海—巽他海峡—澳大利亚西南部港口 中国沿海诸港—南海—民都洛海峡—望加锡海峡—龙目海峡—澳大利亚西北部港口	马来西亚、菲律宾、文莱、印度尼西亚、澳大利亚
澳新	中国沿海诸港—南海—民都洛海峡—苏禄海—马鲁古海峡—托雷斯海峡—澳大利亚东部与新西兰港口	菲律宾、印度尼西亚、东帝汶、巴布亚新几内亚、澳大利亚、新西兰
南太平洋	中国沿海诸港—南海—巴士海峡—南太平洋岛国	菲律宾、巴布亚新几内亚、新西兰、斐济、汤加等

"21 世纪海上丝绸之路"主要途经了 14 个海峡、运河等关键节点,包括马六甲海峡、霍尔木兹海峡、曼德海峡、巽他海峡、望加锡海峡、民都洛海峡、台湾海峡、巴士海峡、巴拉巴克海峡、卡里马塔海峡、龙目海峡、马鲁古海峡、托雷斯海峡及苏伊士运河。

6.2　丝路海运供应链安全面临的风险

6.2.1　海上自然灾害

海上自然灾害包括大风、风暴潮等海上恶劣天气以及台风、海底地震、海啸等极端自然灾害。同时,由于许多海上自然灾害的发生具有很强的不确定性,使得对其安全风险的监控尤为复杂,一旦海上发生严重自然灾害,相应区域的海上自然通道将会受到波及,造成航行于该区域的船舶遭遇极端天气,影响船舶的正常航行,导致国际水运不可避免地会被阻断,安全性受到极大影响。因此,发生在海上运输的途经海域及地区的自然灾害对海运供应链安全的危害严重,破坏性大。

由于"21 世纪海上丝绸之路"沿线属于地震多发地带,沿海地区多低地且人口密度较高,大规模海啸可能造成巨大的人员和财产损失。2004 年 12 月 26 日,印度尼西亚苏门答腊岛附近海域发生 8.9 级强烈地震并引发海啸,海啸激起的海潮最高超过 30 米,波及印度洋沿岸十几个国家,造成约 23 万人死亡或失踪,经济损失超过 100 亿美元。近年来,全球地震频发,地震引发的海啸给沿线国家造成了巨大的损失。2006 年 7 月 17 日,印尼爪哇岛西南海域发生 6.8 级地震并引发沿岸部分地区海啸。2007 年 4 月 2 日,南太平洋岛国所罗门群岛发生 8.1 级强烈地震并引发海啸。2010 年 10 月 25 日,印尼西苏门答腊省明打威群岛附近海域发生 7.2 级地震并引发海啸。2018 年 9 月 28 日,印尼亚苏拉威西省发生 7.4 级地震,随后引发大规模海啸。2023 年 11 月,菲律宾南部海域发生 7.2 级地震,地震发生后两日引发 101 起余震,造成严重损失。

此外,台风、洪涝灾害等气象自然灾害也对"21 世纪海上丝绸之路"水运安全构成重要威胁。目前全球海上台风发生区域主要集中在北太平洋西部、北太平洋东部、北大西洋西部、孟加拉湾、阿拉伯海、南太平洋西部、南印度洋东部和南印度洋西部共 8 个海区,其中又以北太平洋西部台风发生最为密集,如何更好地防范台风并最大限度地降低台风带来的损失是相关国家必须重视的一个问题。而洪涝灾害具有发生频次高、影响范围广、造成损失大和突发性强等特点,东亚、东南亚、南亚和西亚地区深受其害。海洋风暴潮也是典型的海洋气象灾害,主要由台风和温带气旋引起,东亚、东南亚的太平洋沿岸国家大多深受其害。气候变暖、海平面上升,由此导致了诸如一些沿海地区灾害性的风暴潮发生更为频繁,洪涝灾害加剧,沿海低地和海岸受到侵蚀。例如,2007 年 11 月 11 日发生在刻赤海峡及附近海域的风暴天气就导致俄罗斯、乌克兰和格鲁吉亚等国 12 艘船只失事或遇险;2010 年 5 月 27 日,埃及部分地区遭遇大范围大风沙尘天气,导致苏伊士运河被迫关闭,停航 6 个小时,造成 38 艘过往船只被延误;2010 年 12 月 8 日,连日暴雨导致巴拿马运河管理局作出运河暂停通航的决定,停运时间 17 小时;2024 年 7 月 20 日,台风"格美"在菲律宾以东洋面上生成,造成一艘坦桑尼亚籍货轮在高雄港附近沉没,9 名缅甸籍船员落海失踪,一艘蒙古国籍货轮在屏东大鹏湾附近搁浅,印尼籍货轮"伊莉安娜"因方向舵故障,被冲到屏东县枋寮和枋山的交界,并在此搁浅。

6.2.2　地缘政治风险

海上运输通道往往涉及国家的重要运输生命线,一旦发生地缘政治冲突,涉及各方的海上运输安全将严重受到威胁,因此地缘政治风险构成"21世纪海上丝绸之路"海运供应链安全的重要威胁因素,主要包括海洋领土争端、沿岸政治活动和地区军事冲突等方面。"21世纪海上丝绸之路"经过的南海、印度洋均为地缘战略要地,是维护中国海洋权益的重要区域。例如,马六甲海峡是国际海运最重要和繁忙的关键节点之一,具有极高的经济、政治、军事和战略价值,被誉为中国的海上"生命线",一旦马六甲海峡沿岸国家发生地缘政治冲突,将对海运供应链整体安全造成威胁。

由于港口往往处于具体国家主权控制范围内,因此所在国家发生的一系列政治活动往往会对通道的正常安全通行产生影响,导致国际海运节点的一部分运输功能丧失,从而影响到海运供应链的安全。例如港口所在国内爆发的港口罢工活动,2010年10月15日,法国马赛港口工人罢工导致港口关闭,油轮运输受阻,均导致发生通道通行受阻事件。所在国家内的政治动荡、政局不稳以及其他一些政治活动也会产生影响,例如,2011年卡扎菲拒不辞职,导致利比亚国内动荡,关闭包括扎维耶、的黎波里、班加西、米苏拉塔在内的全部港口,导致原油运输受阻,以及2013年利比亚国内抗议活动导致国内最大油港锡德尔港(Es Sider)关闭。其他政治活动例如2011年中美洲及加勒比地区9个国家暂时关闭13个港口,以打击假冒伪劣商品贩卖和走私,也属于政治冲突影响造成的突发事件。

此外,地区军事冲突不仅仅对当地政治安定、经济发展带来严重影响,也会波及相关的海上运输业。因此,军事活动产生的安全威胁,一直是海上传统安全威胁的重要组成,由于大多数国际水运兼具极强地缘政治与国家战略意义,往往成为军事打击的对象和军事对抗的聚焦点,由此造成了巨大的安全威胁。如苏伊士运河在1967年就因以色列侵略埃及并占领埃及西奈半岛,导致被迫停航8年;巴拿马运河也在1989年因美军入侵而被迫关闭;霍尔木兹海峡于1987年两伊战争期间遭受伊朗封锁以及在2003年第二次海湾战争期间受到波及影响；科威特港口在 1987 年两伊战争期间及 1990 年伊拉克入侵科威特时遭受袭击与被迫关闭近一年；以色列海法港也在 2006 年黎以冲突期间，由于遭受黎巴嫩真主党游击队的火箭袭击而被迫关闭；2022 年初，受俄乌冲突影响，土耳其海峡被迫关闭，对全球油轮运输路线格局产生严重影响；2023 年 10 月 7 日新一轮巴以冲突爆发以来，胡塞武装对红海商船的袭击导致马士基、达飞、中远海运等多家国际航运企业被迫暂停红海航线而绕行好望角，造成了红海 80% 航运中断，对全球贸易和供应链安全产生严重影响。

6.2.3　海盗活动

进入 21 世纪以来，全球海盗活动异常猖獗。海盗通过登上船只掠夺钱财、劫持船只获取赎金、登上处于停泊状态的船只盗窃货物、夺取船只和货物、危害船员和破坏船只、袭击海岸目标等形式，已经成为危害世界经济活动的一种破坏力量。

海盗作为一种安全威胁对海运供应链的影响主要体现在以下几个方面：第一，直接威胁有关人员的生命安全。近年来，海盗登船抢劫事件不断增多，海盗通过抢劫、绑架、敲诈和撕票、贩卖人口等方式，直接威胁船员的生命财产安全。第二，海盗事件的频发，直接导致相关的保险费用提高、货物损失增加、行程延误、敲诈勒索的金额剧增等，造成大量直接或间接的经济损失。第三，海盗行为对海洋生态环境造成潜在的巨大威胁。如果海盗对载有油气及化学品、放射性原材料等物资的船只进行攻击，可能带来的油气及化学品泄漏将严重威胁海域生态环境。

海盗袭击多发生在政治动荡地区沿岸及周边海域。该类安全威胁近年来频繁发生，如 2008 年先后就有法国远洋帆船"Le Ponant"在索马里海域遭海盗劫持，"Bunga Melati Dua"号油轮在亚丁湾遭海盗劫持以及乌克兰"MV Faina"号军火船遭索马里海盗劫持；2009 年 10 月，中国籍散货轮"德新海"号在印度洋塞舌尔岛东北 320 海里、摩加迪沙东偏南 980 海里处被海盗劫持；以及 2010 年"Marida Marguerite"号油轮在阿曼南部 120 海里处遭劫持。

2023 年 12 月,保加利亚最大航运公司 Navigation 旗下"Ruen"轮在索马里博萨索以东约 680 海里的印度洋被劫持,所有船员被扣为人质,其中一人受伤。海盗问题不仅威胁了国际水运行驶船舶的人员和财产安全,还以延误运输时间、增加保险费用和船舶被盗风险的形式直接对全球航运产生影响,海盗已成为国际海运供应链安全的重要威胁因素。

2023 年发生的海盗事件主要分布在亚洲、非洲、南美洲的 25 个国家和地区,范围比较广泛。从地理区域来看,东南亚地区最多,达 67 起,约占全年总数的 55.8%,为该地区 2018 年以来最高值;非洲次之,发生 26 起,约占 21.7%;南美洲 19 起,约占 15.8%;东南亚地区的海盗事件数量已连续三年最多,在事件数量和全球占比上均呈增加趋势;西非地区基本呈稳中有降的趋势。2023 年全球海盗事件分布见表 6-3,表中除巴西、哥伦比亚和印度,均为"21 世纪海上丝绸之路"沿线国家,马六甲海峡与新加坡海峡也位于沿线,沿线地区共发生海盗事件 113 起,对"21 世纪海上丝绸之路"沿线海运供应链安全造成严重影响。

表 6-3　2023 年全球海盗事件国家/地区分布

区域	国家/地区	数量/起
非洲	安哥拉	3
	喀麦隆	3
	埃及	1
	加蓬	1
	加纳	6
	几内亚	2
	科特瓦迪	2
	莫桑比克	2
	尼日利亚	2
	塞拉利昂	2
	索马里	1
	刚果	1
东亚	越南	3

（续表）

区域	国家/地区	数量/起
东南亚	印度尼西亚	18
	马六甲海峡	1
	马来西亚	2
	菲律宾	9
	新加坡海峡	37
南美洲	巴西	1
	哥伦比亚	2
	厄瓜多尔	1
	巴拿马	1
	秘鲁	14
南亚	印度	4
	孟加拉国	1
合计		120

6.2.4　海上恐怖主义

海上恐怖主义属于近年来日益严重的非传统安全威胁,海上的恐怖主义活动严重威胁了国际水运的正常通行安全。例如,2002 年法国超级油轮"林堡"号在也门外海遭受恐怖袭击,以及 2013 年发生的中远"亚洲"号货轮在苏伊士运河遭受恐怖袭击。当前,海上恐怖主义主要集中在东南亚地区、西非的尼日利亚、几内亚等国家以及南亚斯里兰卡的临海区域内。其中又以斯里兰卡恐怖主义情况最为严重,该国的反政府武装泰米尔伊拉姆猛虎解放组织(猛虎组织)频频制造海上暴力袭击事件。2015 年以来,"伊斯兰国"组织加紧向中亚、北非、东南亚、南亚地区扩展,东南亚成为"伊斯兰国"组织重要的恐怖分子招募、中转和回流地,恐怖分子与海盗往往互相勾结,海盗为恐怖分子提供资金以及海上操作技术,而恐怖分子为海盗提供情报或贿赂官员以保护其免于被抓,为东南亚海上安全蒙上一层巨大的阴影。

海上恐怖主义对海运供应链安全造成了巨大威胁。海上恐怖威胁与袭击一方面会造成重大人员伤亡和财产损失以及严重的海洋污染;另一方面会极大地增加远洋运输的安全成本,例如不得不加强港口设施及海上航行的安保工作及投入,以及造成航运保险费用的增加。

6.3　保障丝路海运供应链总体安全对策建议

6.3.1　完善安全保障合作机制,提供海运供应链安全组织保障

保障海运供应链安全需要各国深度合作,加快完善全球海运供应链安全保障合作机制,通过签署多边及双边合作协议,强化在特定区域如红海等关键航道的合作力度,如针对近期红海航运危机,与阿拉伯国家签署应对武装袭击船只的区域合作协定,建立跨区域的海上安全联合防御机制。强化国务院物流保通保畅工作机制,由交通运输部会同外交、商务等国家部委和大型企业建立常态化安全监测机制,及时识别评估全球海运供应链存在的风险并制定相应的预防与应对措施,在此基础上,牵头推动全球海运供应链安全国际合作,建立全球产业链供应链应急管理机制和信息共享机制,推动各国就安全威胁下资源调配、信息通报、互助救援等达成共识,形成标准化的操作规程与协调机制,有力提升应对突发事件的响应速度与处理能力,积极推动全球海运供应链系统的稳定。

6.3.2　优先确保战略物资运输安全,强化海运供应链安全核心保障

战略物资是一国发展的重要资源,关乎国计民生和国防事业。要完善战略物资运输安全的预警与应急管理,建立事前预防和事后应急机制,构建战

略物资应急智慧组织与协调联动机制,形成全方位、多层次、宽领域的战略物资安全保障体系。要优先建设海外保障能力,完善大宗战略物资储备基地布局,建立专业化、规模化的战略物资运输力量,提升原油、LNG、粮食、重要矿产等战略物资自主运输的比例,以最短距离、最快时间提供海外战略物资运输应急支援。提高海军远洋投送能力,以太平洋、印度洋作为重点海域,建设远洋综合补给船舶、多功能大吨位舰艇,提升海军远程投送补给能力和远洋护航能力,保障突发情况下物资运输安全。

6.3.3 强化替代通道建设,加强海运供应链安全路径保障

海洋中少数海上运输通道掌握着全球海上运输的命脉,这些狭窄通道的中断会对海运供应链安全产生极大威胁。如苏伊士运河一直是我国与欧洲地区海上贸易的重要咽喉。因此在加强海运保障力量的同时,需进一步考虑替代通道、替代线路的研究。在陆上替代线路方面,加强中欧班列建设作为陆运替代通道,协调推动境外通道建设,稳步推进政策、规则、标准开放对接,充分发挥其在高价值、高技术货物和极端情况下的运输保障作用,持续优化运行管理模式,全面提升国际铁海联运、国际铁路联运等运输方式效率,加强中欧班列与西部陆海新通道的联动发展,进一步激发中欧班列在产业、投资、技术等方面的合作潜力。在海上替代通道方面,积极研究并开发新的海运航线,考虑北极航道作为亚欧海上通道的新选项,通过技术升级、加大投资、创新运营管理模式等手段克服北极航道恶劣天气对海上运输的影响,发挥其在中欧航线返程空箱调运的优势,使之成为降低苏伊士运河对亚欧海上贸易掣肘的新方向。除此之外,要加快布局重要航线沿线战略支点,借鉴非洲吉布提港和希腊比雷埃弗斯港建设经验,在马六甲海峡、巴拿马运河、霍尔木兹海峡等重要海运油气进口通道建设战略支点,在特殊情况下为我方运力船舶提供紧急救援。

6.3.4 优化海运船队规模结构,筑牢海运供应链安全运输保障

一方面要鼓励商业船队高质量发展。商业船队是指用于旅客、货物运输

的各类船舶,是海上贸易日常中需求最多的一种船队。要打造开放、公平的竞争环境,鼓励我国海运企业走出去,加强与国际海运船队标准的衔接,制定技术进步政策,完善海运人才培养体系,激励企业创新海运服务等推动我国海运服务业国际化,使得航运企业掌握足够多自主可控的海上运输运力,从供给侧为海运供应链提供安全保障。另一方面要开展国防安全船队建设。在海运供应链安全受到威胁的情况下,建设专业化、现代化的国防安全船队有利于应对复杂多变的国际形势,保障我国海运安全。要推动船队规划和标准制定,对于船型、数量、建造企业、海员资质、信息安全等做出详细方案,增加船队建设资金以及经济补贴,包括船队运营、训练和执行任务增加的支出,兼顾航运企业经营效益与国家海上战略物资运输安全需求。

6.3.5　构建数字化信息平台,提升海运供应链安全智慧保障

借鉴强化海外物流供应链的数智化管理,通过大数据、5G、物联网、区块链、人工智能等新型手段形成海外资源数据库,实时收集分析包括船舶位置、货物状态、气象信息、港口拥堵情况等在内的全球海运数据,实现海运供应链数字化资源管理,提高供应链上下游信息对接效率,打破"信息孤岛",为智慧供应链跨境服务信息平台建设奠定基础。加快建设应对网络攻击等新型安全威胁能力,推动海外资源数据库与政府机构、行业管理部门、安全管理部门、物流运输企业共享,构建智能化集约管理模式和内控制度,形成一体化的平台运营模式,这样既能满足日常贸易活动的需求,也能快速响应和应对各类突发事件下的海外应急物流需求,为我国乃至全球的海运供应链安全发展提供强大助力。

第 7 章
打造世界级港口群核心基础

　　港口作为社会经济发展的重要战略资源和基础设施,在我国对外贸易和大宗物资运输、保障产业链供应链稳定畅通中发挥着关键作用,同时在助推我国迈向海运强国过程中扮演着重要角色。自 1978 年改革开放以来,受益于中国整体经济的高速增长,中国港口的建设数量、规模、吞吐能力以惊人的速度增长。近年来,中国港口大型化、专业化水平明显提速,通过能力显著提升,为国民经济发展提供了有力支撑。在全球航运版图中,中国港口以其卓越的设施、高效的管理和创新的服务,成为展示国家综合国力和国际竞争力的重要窗口。

　　与此同时,当前港口集群式发展已成为全球海运发展的主要态势,很多国家正通过整合港口资源、优化港口布局,提升整体竞争力与区域协同联动水平。随着区域发展一体化的深入推进,我国港口的组团式发展趋势日益明显,形成了五大港口群,自北向南依次聚集在环渤海地区、长江三角洲地区、东南沿海地区、珠江三角洲地区和西南沿海地区。在迈向海运强国的进程中,港口群扮演着举足轻重的角色。因而,需要进一步加快打造现代化的世界级港口群,在不断提升我国海运竞争力的同时更好地服务共建"21 世纪海上丝绸之路"。

7.1　我国五大港口群发展概况

经过几十年的发展,目前中国沿海已经初步形成了与经济发展和产业布局相适应,分工和功能较为明确的五大区域港口群,即环渤海港口群、长江三角洲港口群、珠江三角洲港口群、东南沿海港口群和西南沿海港口群。五大港口群作为区域性的运输组织中心的地位正在形成,已初步形成以港口为中心的集装箱、煤炭、原油、矿石等运输系统,沿海主要港口专业化码头装卸作业效率世界领先,中国成为港口大国、航运大国和集装箱运输大国,并为深度融入共建"21 世纪海上丝绸之路"提供坚实支撑。

一是环渤海港口群。由辽宁、京津冀和山东沿海港口群组成,其中,辽宁沿海港口群以大连东北亚国际航运中心和营口港为主,包括丹东、锦州等港口,主要服务于东北三省和内蒙古东部地区;津冀沿海港口群包括天津、唐山、黄骅等港口,主要服务于京津、华北及其西向延伸的部分地区;山东沿海港口群以青岛、烟台、日照港为主,主要服务于山东半岛及其西向延伸的部分地区。

二是长江三角洲港口群。依托上海国际航运中心,以上海、宁波-舟山、连云港为主,充分发挥温州、南京、镇江、南通、苏州等沿海和长江下游港口的作用,服务于长江三角洲以及长江沿线地区的经济社会发展,是五大港口群中发展最快、实力最强的一个港口群,已成为推动全国"经济列车"前进的重要引擎。上海港、宁波-舟山港作为"长三角"港口群的代表,成为"长三角"经济发展乃至全国经济发展的核心和重要支撑。

三是东南沿海港口群。东南沿海港口群全部集中于港口岸线资源丰富、优良深水港湾众多的福建省,由厦门港、福州港、湄洲湾港、泉州港等港口组成,形成以厦门港、福州港为主要港口,湄洲湾港、泉州港为地区性重要港口的分层次布局,作为全省沿海港口服务临港产业和腹地经济发展的战略支撑,服务于福建省和江西等内陆省份部分地区的经济社会发展和对台"三通"的需要。港口的发展带动了临港工业的布局,满足了福建对外贸易的需求,保障了海峡两岸的经贸交流,在促进海峡两岸经济崛起中作用明显。

四是珠江三角洲港口群。珠江河网水系发达,港口众多,水上交通极为便利。珠江三角洲港口群由广东东部和珠江三角洲地区港口组成。该地区港口群依托香港地区经济、贸易、金融、信息和国际航运中心的优势,在巩固香港地区国际航运中心地位的同时,以广州、深圳、珠海、汕头港为主,相应发展汕尾、惠州、虎门、茂名、阳江等港口,服务于华南、西南部分地区,加强广东省和内陆地区与港澳地区的交流。以港口为中心的现代物流业,已成为"珠三角"港口群所在城市的重要支柱产业之一,对于该地区综合实力的提升、综合运输网的完善等,正发挥着越来越重要的作用。

五是西南沿海港口群。在我国大陆沿海港口群中,西南沿海港口群特色鲜明,由广东西部、广西和海南的港口组成,包括湛江、防城港、海口、北海、钦州、洋浦、八所、三亚等港口。虽然该港口群集装箱运输起步较晚,但近年来呈现良好发展态势。由于背靠腹地深广、资源富集、发展潜力巨大的广西、贵州、云南、四川、重庆、西藏六省(自治区、直辖市),又面向东盟,已成为中国与东盟开展经济贸易交流的"黄金通道"。

表 7-1　各港口群主要港口与建设重点

区域	主要港口	建设重点
环渤海地区	大连港、天津港、唐山港、青岛港、日照港	集装箱、进口铁矿石、进口原油和煤炭装船中转运输系统
长三角洲地区	上海港、宁波-舟山港、连云港	集装箱、进口铁矿石、进口原油中转运输系统和煤炭卸船运输系统
东南沿海地区	厦门港、福州港、泉州港	煤炭卸船运输系统、进口石油、天然气接卸储运系统、集装箱、陆岛滚装和旅客运输系统
珠江三角洲地区	深圳港、广州港、香港港	集装箱、进口原油中转运输系统和煤炭卸船运输系统
西南沿海地区	湛江港、北部湾港、海口港	集装箱、进口原油、天然气中转运输系统、进出口铁矿石中转运输系统、粮食中转储运系统、旅客中转及邮轮运输系统

7.2　港口群服务共建"21 世纪海上丝绸之路"实践

7.2.1　环渤海港口群——天津港经验

　　环渤海港口群作为中国北方重要的航运枢纽,对于共建"一带一路"具有独特的战略意义。经过多年的探索实践,环渤海区域港口群已发展成为连接亚欧大陆桥的重要海上门户,以及东北亚乃至全球航运网络的关键节点,不仅为中国北方地区的对外开放和区域经济发展提供了有力支撑,也为全球航运业的繁荣和沿线国家共享发展成果作出了积极贡献。环渤海港口群中的天津港,是"丝绸之路经济带"的东部起点和"21 世纪海上丝绸之路"的重要启运港。近年来始终牢记习近平总书记在天津港考察时强调的"要志在万里,努力打造世界一流的智慧港口、绿色港口,更好地服务京津冀协同发展和共建'一带一路'"讲话精神,加快建设世界一流港口,以海上门户打造"一带一路"开放枢纽。

1. 发挥海陆双向优势,打造"一带一路"黄金支点

　　海向方面,坚持拓航线、扩舱容、强中转,天津港拥有集装箱航线 144 条,同世界上 180 多个国家和地区的 500 多个港口保持贸易往来,截至 2023 年底,天津港"一带一路"航线增至 66 条,60% 以上外贸货物来自"一带一路"沿线国家,集装箱班轮航线总数达到 145 条,"两港一航"、环渤海内支线重箱运量同比增长 15%。2022 年,天津港服务"一带一路"沿线国家进出口货物1.21 亿吨,同比增长 13.6%,占货物总吞吐量的 25.7%,服务"一带一路"重要支点作用愈发凸显。陆向方面,按照"一带一路"走向,天津港加快推进内陆物流网络建设工作,制定了三线十大区域网络布局规划,推动在丝绸之路经济带沿线地区的物流节点和枢纽中心优化无水港布局。自 2002 年在北京朝阳建设第一个无水港以来,内陆无水港总数达到 48 个,辟建了 115 家内陆

物流营销网点,涉及河北、内蒙古、山西、宁夏、甘肃、吉林等多个省份,利用其订舱、报关报检、铁路及公路运输、拆装箱及箱管等功能集结和分拨货物,基本形成了辐射东北、华北、西北等内陆腹地的物流网络。

2. 大力发展海铁联运,打通"一带一路"陆海物流新通道

作为国内最早开通陆桥跨境班列的沿海港口,天津港已构建起独具优势的"两桥三通道四口岸"丝路陆桥通道。2023 年海铁联运量完成 122.7 万标箱,中欧(中亚)班列运量完成 8.5 万标箱。近年来,不断加强陆桥海铁联运工作,深化与口岸部门、铁路部门、物流企业等多方协作,创新实施"一单到底"全程物流模式,以班列化运营提升海铁联运服务,实现铁路和港口无缝对接,开创了"东北亚—天津港—亚欧大陆桥—中亚、西亚和欧洲"双向多式联运模式,打造多式联运公共服务平台,有力促进了天津口岸陆桥运输的便利化发展,年集装箱运量始终稳居国内前列。建成并投入运营了京津冀首个海铁联运综合性集装箱铁路枢纽"中铁天津集装箱中心站",并取得海关监管资质,实现了天津港集装箱海铁联运功能布局的全面升级。打通至长春、乌鲁木齐等 4 条海铁联运新通道,天津港中蒙俄经济走廊集装箱多式联运工程被国家列为第二批示范项目。

3. 深入推进港产城融合发展,增强"一带一路"辐射影响力

近年来,天津坚持"依港口聚资源,依资源兴产业,依产业兴城市",加快打造"港产城"融合发展的新格局。在适港产业提质升级方面,壮大海工装备、船舶制造等临港制造业,加快发展航运物流、冷链物流、保税物流等临港物流业,积极培育航运金融、航运交易、大宗商品贸易等临港服务业,规划建设天津国际物流产业园,拓展中转配送、加工、供应链服务等物流增值服务,打造区域性国际物流分拨中心,规划建设天津国际物流产业园,积极推进与港口关联度较强的适港制造业发展。在增强城市服务功能方面,立足港区、产业园区、城区现有发展基础,加强统筹谋划,优化资源配置,集约打造宜居宜业宜游的港产城融合发展特色片区,并加强与国际港口城市交流合作,更新改造老码头和涉港老城区,实施一批城市更新项目,筹划举办航运类国际

博览会,搭建高规格、国际化的交流平台,加快从"通道经济"向"港口经济"转型,对区域经济的带动作用显著增强,更好地服务京津冀协同发展和共建"一带一路"。

7.2.2　长三角港口群——宁波-舟山港

长三角地区是中国最发达的经济区之一,与"一带一路"沿线国家和地区具有很强的经济互补性,双方的经济互动在"一带一路"中占有重要位置,这为长三角区域各港口拓展新货源、开展新合作提供了新机遇。自"一带一路"倡议提出以来,各港口积极对接融入,全力打造最佳结合点,成绩斐然。长三角港口群中的宁波-舟山港,不断践行着"港通天下,服务世界"的使命担当,加快建设开放融通的"一带一路"重要港航枢纽。作为世界重要的集装箱远洋干线港和国内重要的港口之一,宁波-舟山港全面融入服务"一带一路"发展,充分利用海丝论坛搭建的平台,持续深化与"一带一路"共建国家的港口合作,为畅通国内国际双循环提供强大支撑。

1. 强化海陆双向联动,打造"一带一路"最佳枢纽叠加点

截至 2023 年底,宁波-舟山港已有 300 余条航线,连接着全球 200 多个国家和地区的 600 多个港口,形成通达全球的庞大海上贸易航线网络。其中,"一带一路"共建国家的航线数量超 130 条,较 2013 年增长超 70%,占总航线数四成以上。开通集装箱海铁联运线路 100 余条,拥有班列 24 条,辐射全国 16 个省 64 个地市,基本形成北接古丝绸之路、中汇长江经济带、南联千里沪昆线的三大物流通道,网点、线路数量、外贸箱量均居全国前列,稳居中国南方海铁联运业务量第一大港、中国海铁联运第二大港,有效衔接了中西部广大腹地区域与"一带一路"共建国家。与此同时,宁波-舟山港汇入国际多式联运大通道格局,持续织密中欧班列金东平台,通达欧亚大陆 50 多个国家和地区的 160 多个城市,22 条运行线路穿越亚欧腹地主要区域,物流配送网络直通中亚、北亚、东欧地区,为"一带一路"共建国家参与全球产业链、供应链和价值链打通海陆枢纽、创造发展新路。浙江中欧班列金东平台累计开行中欧

班列已超 2 000 趟,助力"义新欧"中欧班列发展成为市场化程度最高、重载率最高、开行里程最长的中欧班列线路之一。

2. 打造标志性产品与合作平台,提升"一带一路"领域知名度

宁波-舟山港致力于探索数字丝绸之路新路径,推动海丝指数体系持续升级。宁波-舟山港先后发布了宁波出口集装箱运价指数、宁波航运经济指数、海上丝路贸易指数、中国—中东欧国家贸易指数、宁波港口指数和航运气象指数六大指数,并先后写入《共建"一带一路":理念、实践与中国的贡献》报告和《共建"一带一路"倡议:进展、贡献与展望》报告。目前,海上丝路指数及相关报告被中国"一带一路"官网、新华网、丝路经贸与投资战略智库、中国证券网等定期发布,越来越多的企业利用指数作为市场预测、价格谈判和协议结算标准。同时,宁波—舟山港不断扩展指数应用,完善《数话海丝》产品,拓展以运价数据为核心的集装箱挂钩交易服务应用;不断加强数据应用,完成航运大数据中心国家级试点项目建设,连续三年为国家发改委提供《"一带一路"航运周旬监测》。此外,海丝论坛创办于 2015 年,已成为全球港航相关单位交流合作的重要平台,也成为对接"一带一路"国际合作高峰论坛方面最具影响力的国内港航专业性论坛。在 2018 海丝论坛闭幕式上发布的《海丝港口合作宁波倡议》被列入第二届"一带一路"国际合作高峰论坛成果清单。依托海丝论坛,宁波-舟山港积极参与"船舶靠泊优化项目""LNG 加注港口合作项目"等港航国际合作项目和亚太港口服务组织(APSN)等国际港航组织,向全世界唱响"海港声音"。

3. 加深沿线友好港合作,拓宽"一带一路"朋友圈

近年来,宁波-舟山港不断加深与"一带一路"沿线国家和地区港口之间的合作关系,先后与马来西亚巴生港、德国汉堡港务局、德国威廉港集装箱码头亚德港-营销有限公司等签订了友好合作协议。截至目前,宁波-舟山港已与英国菲利克斯托港、法国马赛港、意大利利沃诺港、西班牙希洪港、埃及塞得港、斯里兰卡科伦坡港等 20 多个"一带一路"沿线港口建立了友好港关系。宁波-舟山港还通过内引外联的方式,将"朋友"发展为"密友"。一方面"引进

来",通过与总部位于"一带一路"沿线国家和地区的全球航运巨头共同出资运营码头等方式,实现"大港"与"大船"强强联手;另一方面"走出去",积极布局"一带一路"沿线国际物流节点,深入运营"一带一路"迪拜站项目,统筹推进东南亚物流、国际物流海外仓等项目,带动浙江及中国与阿联酋中东、中亚、东南亚等"一带一路"沿线国家和地区的双向贸易和投资增长。

7.2.3　东南沿海港口群——厦门港经验

福建是"海上丝绸之路"的起点,与世界各地海上交往有着悠久的历史。东南沿海港口群,凭借其得天独厚的地理位置和发达的海上运输网络,在服务构建"21世纪海上丝绸之路"中扮演着举足轻重的角色。这些港口不仅是中国连接东南亚、南亚乃至更远地区的海上门户,也是推动区域经济一体化和贸易自由化的关键节点。东南沿海港口群的厦门港,是"21世纪海上丝绸之路"与"丝绸之路经济带"重要交汇点之一,近年来,厦门港的海上合作战略支点作用进一步凸显,在高质量共建"一带一路"中不断展现新作为。

1. 创建"丝路海运"品牌,扩大"一带一路"合作朋友圈

"丝路海运"作为首个且规模最大的以航运为主题的"一带一路"国际综合物流服务品牌和平台,得到全球300多个合作伙伴的积极响应和支持。而厦门港作为"丝路海运"始发港及核心主阵地,"21世纪海上丝绸之路"的节点港口,国家重点规划建设的四大国际航运中心之一,"外贸朋友圈"不断扩大,158条外贸航线通达57个国家和地区的152个港口,86条"一带一路"航线途经25个国家56个港口。5年多来,"丝路海运"命名航线已达122条,通达全球46个国家和地区的135座港口,联盟成员已突破330家。"丝路海运"已经发展成为"一带一路"国际航运物流服务的新品牌,与中欧班列形成了陆海内外联动、东西双向互济的国际贸易新通道。依托"丝路海运",一方面推动福建与"21世纪海上丝绸之路"沿线国家和地区港口、航运企业合作交流,加密集装箱航线,加快发展东南沿海内支线、海峡间支线和内贸线;另一方面逐步构建以国际干线为骨干、近洋线为支撑、内贸线为补充的"丝路海运"航线体

系。（见图 7-1）

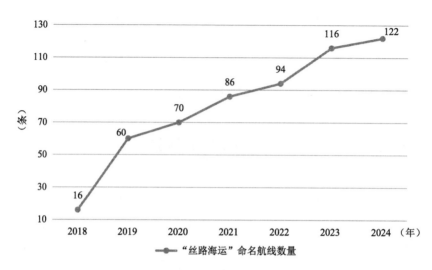

图 7-1 "丝路海运"命名航线数量变化趋势

资料来源：根据厦门港官方数据整理

2. 深耕陆上通道，实现"21 世纪海上丝绸之路"与"陆丝"高效衔接

厦门港积极推进陆海资源整合，完善疏港铁路、公路网络，完善覆盖福建、服务全国的海铁联运基础设施体系，充分发挥陆地港在通关、拼箱、退税、签发提单、仓储、运输、提箱还箱等方面的"一站式服务"功能，从而进一步畅通福建连接长三角、珠三角和中西部地区的陆上运输大通道，最终将福建打造成为带动沿海、辐射内陆、服务"21 世纪海上丝绸之路"沿线国家和地区的海上合作战略支点。2015 年 8 月，首列中欧（厦门）班列从厦门自贸片区出发，2016 年成为"中欧安全智能贸易航线试点"计划首条铁路运输试点线路，2021 年首次开出中欧防疫物资专列，2022 年开出首列冷链专列、首趟至白俄罗斯班列。目前，中欧（厦门）班列已开通中欧、中亚、中俄班列线路，可达欧洲波兰波兹南，匈牙利布达佩斯，德国汉堡、杜伊斯堡，俄罗斯莫斯科及中亚地区阿拉木图、塔什干等 13 个国家 30 多个城市，班列的另一端连通泰国、越南、印尼等海上丝绸之路沿线国家和我国台湾、香港地区，实现"21 世纪海上丝绸之路"与"陆丝"的交汇对接，开辟了国际物流新通道，成为厦门融入共建

"一带一路"的有力保障。

3. 做精邮轮经济，加深"一带一路"文旅相融

厦门与"21 世纪海上丝绸之路"沿线尤其是东南亚国家的经贸往来和文化交流源远流长。独特的五缘关系（地缘、血缘、史缘、商缘、文缘）是厦门港发展"21 世纪海上丝绸之路"邮轮航线的重要依托。20 世纪八九十年代，厦门港就开始接待从欧洲或东南亚港口出发沿"海上丝绸之路"到访的国际邮轮，成为当时国际游客发现厦门、认识厦门、了解厦门的重要窗口。从 2016 年8 月开通第一条"21 世纪海上丝绸之路"邮轮航线以来，厦门港务控股集团持续响应国家"一带一路"倡议，"一带一路"特色航线的开发走在国内前列，并赢得市场火爆反响。2015 年和 2018 年，厦门市政府在两轮邮轮经济促进政策中均有针对性地对"21 世纪海上丝绸之路"航线进行扶持，同时与港口、邮轮公司、旅行社等市场主体开展多渠道合作，通过打造平台、创新业务模式，共同探索"21 世纪海上丝绸之路"邮轮发展之路。厦门港游轮航线的特色是通过文化品牌输出，把华人华侨和大陆旅客从情感上连接起来。2018 年 3 月22 日，厦门港以邮轮为载体，在马尼拉、亚庇、斯里巴加湾等东南亚港口开展"海丝路·闽南情"为主题的"中国厦门文化旅游汇"交流活动，登陆菲律宾、文莱、马来西亚，通过重走"21 世纪海上丝绸之路"，传播乡音乡情，展现文化自信，这是我国首个以邮轮为载体的"一带一路"文化艺术交流推广活动，通过文艺演出、合作论坛、旅游推介等多种形式宣传厦门城市形象，传播闽南文化，打造人文纽带。该主题航次在相关"21 世纪海上丝绸之路"沿线国家引起强烈共鸣，是"邮轮 + 文化""邮轮 + 厦门"融合发展的一次大胆尝试，成为"21 世纪海上丝绸之路"建设在邮轮旅游领域的成功实践。

7.2.4　珠三角港口群——广州港经验

珠三角地区经济发达，近年来充分发挥沿海港口集群的优势作用，使珠三角港口群成为"一带一路"建设的重要出海口和区域性航运枢纽，为共建"一带一路"注入强劲动力。珠三角港口群中的广州港，已有两千余年的发展

历史,见证了古代海上丝绸之路的繁荣,并在共建"21 世纪海上丝绸之路"的进程中发挥着日益重要的作用。

1. 夯实基础设施建设,打造"一带一路"沿线国际航线枢纽港

广州港大力推进港口枢纽集约化、专业化,以高标准、大投入加快现代化港口基础设施建设,近十年来,总投资额超过 400 亿元,将广州港建设成为华南地区最大的综合性主枢纽港、"一带一路"沿线国际航线枢纽港,实现新增港口通过能力近 1.5 亿吨,新增集装箱通过能力 1 110 万 TEU,新增粮食吞吐能力超过 2 500 万吨、汽车吞吐能力 120 万辆,新增堆存、仓储能力超过 100 万吨,建成南沙港铁路,大幅提升广州港集聚辐射能力和综合服务功能。港口生产实现新跨越,港口货物吞吐量、集装箱吞吐量和综合效率稳居世界前列,内贸集装箱、煤炭、粮食作业量全国领先,滚装汽车吞吐量位居全国第二,增速在区域主要港口中保持领先,成为粤港澳大湾区服务"一带一路"港航经济的主要增长极,尤其是南沙港区已建成集装箱深水泊位 20 个,年集装箱通过能力超 2400 万 TEU,规模位居全球单一港区前列,成为华南地区综合体量最大、服务功能最全、集疏运条件最好的现代化港区,基础设施达到世界先进水平,在区域经济中的战略性、支撑性作用不断增强。

2. 加强陆海内外联动,做优"一带一路"全程物流服务体系

广州港积极打造"全程物流"服务体系,降低物流成本,促进企业成群、产业成链、要素成市,带动港口腹地、临港产业、向海经济大发展。从 2013 年到 2023 年,广州港集装箱班轮航线从 81 条增长至 202 条,"一带一路"航线数量从 39 条增长至 132 条,2022 年完成"一带一路"往来集装箱量 300 多万 TEU,同比 2013 年增长超过 200%,已成为全国开辟"一带一路"海运航线最多的港口之一。在内陆地区布局建设内陆港及办事处,大力拓展多式联运业务,把广州港"出海口"搬到内陆企业"家门口"。目前海铁联运业务范围辐射全国 10 个省份 42 个地级市,海铁联运完成量较 2013 年增长近 16 倍,越来越多的货物通过南沙港登上大船,前往更广阔的市场。南沙港铁路通车,打通海铁联运"最后一公里",实现了"丝绸之路经济带"和"21 世纪海上丝绸之路"在南

沙港无缝衔接,并依托临港临铁优势,建成国内单体规模最大的临港集拼和冷链物流中心,形成全国领先的水果进口、跨境电商口岸。常态化运作中欧中亚班列、高质量打造"湘粤非"海铁联运等"一带一路"国际合作平台,为保障"一带一路"共建国家供应链产业链稳定畅通提供了有力支撑。(见图 7-2)

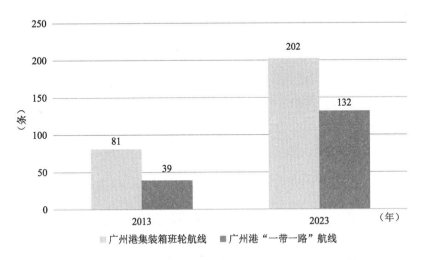

图 7-2　广州港集装箱班轮航线和"一带一路"航线数量趋势图

资料来源：根据广州港官方数据整理

3. 开展多元人文交流合作,拓深"一带一路"合作空间

广州港集团 2016 年参股成立全国首家中外合资港口培训机构——广州安特卫普港口教育咨询有限公司以来,组织开展"一带一路"倡议下现代港航发展管理高级研修班等多期国际研修班,组织印尼、马来西亚等 10 多个国家上百名高层次港航管理人才到广州培训,促进国际航运人才交流,推动形成文化、教育等领域多元互动的人文交流格局,进一步提升中国港口国际影响力。集团旗下广州远洋渔业公司拥有首批国家级海洋捕捞渔获物定点上岸渔港、海洋及远洋捕捞船队,赴斐济周边海域开展生产业务 17 年来,每年为当地提供超过 140 个船员就业岗位,有力地支持了当地就业和渔业相关产业发展,通过水产贸易合作,助力构建更加紧密的中国同太平洋岛国命运共同体。此外,2016 年以来,广州港集团陆续在美国、荷兰、新加坡、越南、柬埔寨、泰国设立境外办事处,以境外办事处为支点,加强国际联系与沟通,通过参加及赞

助海外物流航运峰会、举办客户推介会、与大型海外直客建立战略合作等形式，不断拓展"一带一路"海外合作广度和深度，畅通国际产业链。

7.2.5 西南沿海港口群——北部湾港经验

西南沿海港口群凭借沿海沿边沿江独特的地理区位优势，以国际陆海贸易新通道为契机推动西南出海大通道升级，大力发展向海经济，加强与"一带一路"沿线地区特别是东盟国家的互联互通。西南沿海港口群中的北部湾港，是连接中国西部 12 个省份与东盟十国、面向太平洋经济圈的国际门户和国际枢纽，积极打造"一带一路"海陆衔接的重要门户，成为广西乃至西部腹地加快融入国内国际双循环的便捷通道。

1. 完善集疏运体系，提升"一带一路"国际门户港枢纽能级

北部湾港是中国沿海主要港口之一，北靠渝、云、贵，东邻粤、琼、港、澳，西接越南，南濒海南岛，是中国内陆腹地进入中南半岛东盟国家最便捷的出海门户。近年来，北部湾港主要港区实现进港铁路全覆盖，打通了海铁联运

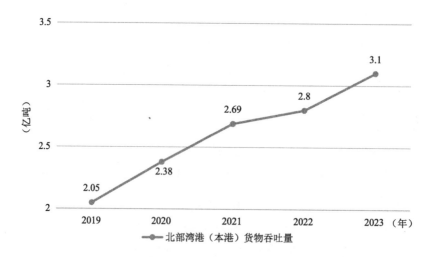

图 7-3 北部湾港 2019—2023 年货物吞吐量变化趋势图

资料来源：根据北部湾港官方数据整理

"最后一公里",港口集疏运体系不断完善,西部陆海新通道呈现出合作范围不断扩大、运行线路不断加密、货运规模持续增长的发展态势,辐射带动能力不断增强。北部湾港货物吞吐量已从 2017 年的 1.56 亿吨增长到 2023 年的 3.1 亿吨,年均增长率达 12.1%;其中,2023 年集装箱吞吐量突破 802 万标箱,货物吞吐量及集装箱吞吐量稳居全国沿海港口前十,增速迅猛,名列前茅。为进一步夯实北部湾港硬件基础设施,未来将投入 872.2 亿元,快速提升北部湾国际门户港的枢纽能级,推动港口运输规模和吞吐量持续增长,不断提升北部湾港在"一带一路"沿线影响力。(见图 7-3)

2. 加强西部陆海新通道海铁联运班列建设,织密"一带一路"运输网络

2017 年以来,西部陆海新通道海铁联运班列累计开行超过 3.5 万列,通达中国 18 省(自治区、直辖市)71 市 149 站点,成为连接东盟和欧亚大陆的重要通道。目前,北部湾港已开通集装箱航线 76 条,其中内贸航线 28 条,基本实现了全国沿海主要港口全覆盖,外贸航线 48 条,基本实现了东南亚、东北亚地区主要港口全覆盖。北部湾港集团加强与中国铁路南宁局集团公司、中铁集装箱公司等合作,优化"一口价"体系,实施"一企一策""一箱到底",促进降低物流成本,提升物流效率。2023 年,北部湾港与关丹港及摩拉港直航航线相继开通运营、"北部湾港—胡志明—东马"精品航线拓展升级、"两湾快航"实现内外贸同船运输,通过发展"一航线一中心"的模式,实现了多式联运"快速衔接、高效通关",物流与贸易加速融合发展。随着"北部湾港—成都—波兰、德国"班列、"海南—钦州—西安"粮油班列、"阿联酋—钦州—兰州"汽车班列、"RCEP—北部湾港—河南"海铁联运双向班列等线路陆续开通,西部陆海新通道海铁联运班列实现与中欧班列的无缝衔接,"一带一路"运输网络越织越密。

3. 深化与东盟国家港航合作,畅通"一带一路"大通道

面向东盟开放发展,提升互联互通水平,主动融入"一带一路"建设,是北部湾港口群肩负的历史使命,也是升级发展难得的历史机遇。自 2013 年中

国—东盟港口城市合作网络建立以来,北部湾港与东盟国家港口城市在相互通航、港口建设、港航信息、国际贸易等方面开展深度交流与合作。一批"姊妹港""友好港"应运而生。钦州至马来西亚、越南、缅甸、新加坡、印尼、泰国等东盟国家港口的集装箱航线开通;北部湾港与马来西亚关丹港实现了物流信息的互联互通。目前,广西北部湾港已经和东盟国家的 47 个港口建立海上运输往来,开通内外贸航线 44 条,与世界 100 多个国家和地区、200 多个港口通航,基本实现了东南亚、东北亚地区主要港口的全覆盖。为了更好地服务"一带一路",广西积极参与和推动中新南向通道建设,形成连通我国西北,经广西沿海沿边运达新加坡,进而辐射南亚、中东、澳大利亚的铁水联运大动脉。

7.3 打造世界级港口群对策建议

7.3.1 明确战略定位,建设具有全球影响力的世界级港口群

聚焦国家区域战略发展要求,优化港口功能布局、完善区域物流体系,支持港航企业延伸服务链条、拓展服务网络,协同推进区域港口集群化、一体化发展。环渤海港口群,要进一步加强区域协同,推动津冀、山东、辽宁沿海港口群优化布局和共同发展,加强津冀锚地共建共管共用,形成功能互补、协同发展的空间格局。长三角港口群要响应高质量发展与长三角一体化新要求,进一步明确与长三角世界级城市群地位相匹配的世界级港口群的战略目标定位,完善重点货类运输系统布局,优化区域港口、航道、锚地建设管理,推动港航贸一体化发展,共建辐射全球的航运枢纽,实现世界级港口群与世界级城市群联动建设。东南沿海港口群应扩大两岸合作交流,优化形成以厦门港为主体,福州、泉州港相应发展的集装箱港口格局,强化港口与产业的统筹发展,引导临港产业有序集聚。珠三角港口群重点是巩固提升香港国际航运中心地位,增强广州、深圳国际航运服务功能,统筹联动西江、北江、东江等国家高等级航道,提升世界级港口群能级和辐射带动作用。西南沿海港口群是北

部湾经济区建设的重要依托,将全力打造对接东盟国家的区域性国际航运中心,积极建设中国自由贸易试验区。沿海港口群是京津冀、长三角、珠三角建设世界级城市群的重要支撑,是国家中心城市拓展城市功能、提升国际竞争力的重要支撑。要对标国际先进水平,加强港口群协同规划与城市群发展规划、产业规划之间的衔接,实现互补错位发展。

7.3.2　补齐基础设施短板,推动港口群基础设施高效衔接

加快基础设施互联互通是推进港口群融合发展的重要一环,要统筹跨区域协调,推动港口群规划、基础设施建设和管理的一体化衔接。充分发挥各大港口群在外贸和大宗物资运输中的骨干作用,强化综合枢纽功能。坚持有序有度、适度超前原则,充分挖掘存量设施能力,优化增量设施供给。及时修订完善港口群规划体系,结合每个港口所处的自身区位、产业优势,明确各自差异化定位,在多层级错位发展的基础上,推动重点领域基础设施升级。强化港口群与周边地区铁路、公路、内河等多种交通运输方式的一体化衔接。统筹协调交通、发改、住建等政府部门,切实做好集疏运通道建设工作,强化基础设施合作的政策配套,共同推进公路、铁路等集疏运通道建设,加快主要集装箱港区疏港高速公路和铁路建设,实现规模化集装箱港区与高速公路(或城市快速路)、铁路的直接连通。明确港口间、不同运输方式间、不同类型基础设施间的基础设施维护责任,共同拟定维护保养方案,妥善解决资金来源,确保不因维护保养不到位而造成港口资源浪费或重复建设。

7.3.3　完善通道建设,搭建畅通高效的港口群物流体系

目前以港口为枢纽的集装箱铁水联运体系尚处于起步阶段,多式联运发展滞后,需要建立与港口群世界级产业集群相匹配的港口产业体系和物流体系,推动跨区域、跨部门、跨行业的多式联运通道建设。鼓励港航企业发展高品质、专业化、全链条定制物流服务,积极发展全程物流、供应链管理,发展冷链、商品汽车、化工等专业物流。推进集装箱和大宗干散货港区后方铁路通

道及场站建设,积极发展铁水联运。加强装卸仓储、航运等方面的战略联盟合作,鼓励通过产权置换、联合运营、共同开发等方式,促进港口群内区域港航互动联合。延伸港口群物流产业链,完善无水港网络布局,鼓励港口企业共建共用无水港。

7.3.4　整合资源要素,统筹推进海外港口合作

对外港口投资是"21 世纪海上丝绸之路"倡议实施过程中中国与沿线国家开展港口合作的最基本模式。港口合作是一个多主体、多层次、多体系的系统工程,单一的港口合作模式虽然有效但具有局限性,难以深入进行,需要以港口投资为先导,逐渐形成投资参股(控股)、获取经营权、兼并收购、互为友好港、签订港口合作协议等港口合作模式体系,实现港口资源整合。鼓励国内港口企业"走出去",加大在物流园区建设、自贸区建设、数字化建设和物流供应链服务领域等方面的投资并积极寻求与国际知名公司的合作机遇。设立层级较高的海外港口重大项目管理机构,成为海外港口重大项目合作平台的有力支撑,并赋予其行使海外投资监管职能,负责制定海外港口项目直接投资政策和战略规划,对海外港口项目进行统一领导、管理和协调,确保这些项目在建成之后能够达到战略布局的预期效果,避免同一路线的不同项目之间发生内部竞争,形成统一对外的"中国港口投资"主体,创新海外港口经营模式。长期来看,需要推动中资海外港口投资运营资源进一步融合发展,整合中远海、招商等主要央企和民营资本在海外港口投资经营的优势,形成更大主体和更强合力。

第 8 章
发展世界一流航运服务

　　"经济强国必然是海洋强国、航运强国。"海运是国际经贸联系的物质载体,是连通全球的重要纽带和桥梁,占全球国际货物运输量的 90% 以上,中国约 95% 的进出口货运量由海运承担。航运服务业是海运的重要组成部分,是"21 世纪海上丝绸之路"繁荣发展的核心支撑。近年来,全球航运服务业发展迅速,在全球经济中占据重要地位。2022 年,全球航运服务贸易出口规模达5 088.5 亿美元,占全球 GDP 比重约 0.5%,占全球服务贸易的比重达到7.1%。发展世界一流的航运服务成为建设"21 世纪海上丝绸之路"、建设海运强国的必然选择。

8.1　航运服务业发展现状

　　航运服务业是由港航服务、航运管理等支持性服务业务相互联结而成的供应链。按不同分类标准,可以将航运服务业分为不同类别。例如,按产业链划分可分为上中下游;按附加值和影响力划分可分为低中高端;按构成要素划分可分为核心层、辅助层和支持层,分别表示航运主业、航运辅助业和航运衍生服务业;按构成要素和供应链视角划分,可将作为"供应者"的船东、船舶管理、船舶修造行业分为上游航运辅助业,将作为"消费者"的航运金融、航运保险、海事法律行业分为下游航运衍生服务业。根据新华·波罗的海国际航运中心发展指数体系中航运服务的基本内涵，航运服务可以划分为航运经纪服务、船舶工程服务、航运经营服务、海事法律服务和航运金融服务。近年来，中国航运服务特别是现代航运服务业迅速发展，海运航线和服务网络已覆盖全球主要国家和地区，海运船队规模、船员队伍、造船市场份额等均处于世界领先地位。

8.1.1 航运经纪服务

航运经纪以居间服务为特征，是航运中介服务业的主要内容。作为航运服务业中的重要组成部分，航运经纪依托运输、保险、金融和贸易等行业的发展，以代理、经纪、咨询等方式提供专业服务，是航运发展的润滑剂。航运经纪是为船东、货主及租船人提供高效且专业服务的中介机构，其经营主体为船舶经纪人，又称航运经纪人或海运经纪人。航运经纪人通常可分为船舶买卖经纪人和货运代理经纪人，对应的服务类型可分为船舶经纪服务和货运代理服务。

1. 船舶经纪服务发展现状

船舶经纪服务是指在海运业务中为买卖双方提供新、旧、二手船舶买卖机会的一种专业服务。2023 年，全球船舶代理服务市场销售额达到 127.4 亿美元，预计 2030 年将达到 174.5 亿美元，年复合增长率为 4.7%[①]。中国船舶经纪业起步较晚，2009 年 12 月 9 日，航运经纪人俱乐部成立；2010 年 7 月 29 日，内地首批 9 家国际航运经纪公司在上海诞生。自此，中国船舶经纪业快速发展，并逐渐成为全球航运市场中的重要组成部分。

在全球贸易格局加速演化、海运市场需求日益增长的背景下，中国船舶经纪业经历了从起步到成熟的历史性跨越。上海国际航运研究中心研究报告显示，英国、新加坡、中国、希腊、丹麦是船舶经纪人集聚数量前五的国家；伦敦、新加坡、雅典、哥本哈根和上海是集聚数量全球前五的城市。从数量上

---

① 资料来源：https://m.gelonghui.com/p/784988。

看,伦敦以 622 名经纪人的数量高居全球首位,是排名第二的新加坡 1.83 倍,第三至第七名城市的经纪人数量均超过 70 人,基本处于同一梯队。由此可见,中国船舶经纪业的市场规模已进入世界前列。

广州航运交易有限公司是国内代表性的船舶经纪企业,2022 年被劳氏日报评为全球十大航运经纪平台之一。该公司成立于 2015 年,主要业务包括船舶交易、运输交易、船舶评估、船舶经纪、船舶进出口代理、航运供应链服务以及航运资讯咨询等,是粤港澳大湾区内唯一的航运交易服务平台。目前,公司每年平均完成船舶交易艘数 300 艘以上,交易额约 30 亿元人民币,已成为华南地区最大船舶交易综合服务平台和国内最为活跃的境外船舶交易平台。

2. 货运代理服务发展现状

货运代理服务是指根据货主的委托,代表货主办理有关货物报关、交接、仓储、调拨、检验、包装、转运、订舱等业务。货运代理人属于运输中间人性质,在承运人和托运人之间起着桥梁作用。随着世界经济和国际贸易的发展,特别是"21 世纪海上丝绸之路"的加快建设,我国海运货运代理业的市场规模持续扩大,已经成为推进航运服务业高质量发展的重要支撑。截至 2023 年 12 月 10 日,我国已备案的国际船舶代理企业数量达到 4 771 家,反映出中国海运货运代理业的活跃态势。根据 *Transport Topics* 公布的全球海运货代 TOP50,中国内地的中外运等 4 家企业上榜,中国香港的嘉里物流等 4 家企业上榜,海运货运企业的竞争力持续增强。具体而言,2023 年,中外运旗下的国际货代公司年集装箱处理量达到 389 万 TEU,列全球第 2 位;嘉里物流的年集装箱处理量达到 117.6 万 TEU,列全球第九位。需要指出,中国海运代理市场规模的增长是在全球海运货运代理市场蓬勃发展的背景下实现的。据行业研究报告预计,2024 年全球海运货运代理市场规模将达到 752.1 亿美元,并预计在 2024—2029 年将以 5.19% 的复合年增长率增长,到 2029 年市场规模将达到 968.6 亿美元,其中亚洲市场增长最快[①]。(见表 8-1)

---

① 资料来源:https://www. mordorintelligence. com/zh-CN/industry-reports/sea-freight-forwarding-market。

此外,中国海运货运代理业正从传统单一的业务模式向现代物流服务加速变革。这一变革主要体现在服务范围的拓展、服务质量的提升以及对新技术的应用上。比如,在数字化革新的浪潮下,中外运加快战略布局与数字化转型,积极打造世界一流的智慧物流平台企业,加快推动物流科技研发及产品化、规模化、体系化应用,通过推进全面数字化转型,不断优化资源配置,为客户提供优质的全程供应链物流服务。但是,与德国、美国等国家相比,中国国际货运代理业还存在货代业务范围狭窄、综合服务水平较低、物流信息系统尚不完善等问题。面对日益增长的海运市场需求,中国海运货运代理业应以专业化、智能化和绿色化为方向,不断提升综合服务能力,促进数字化转型和服务创新,为"21 世纪海上丝绸之路"建设提供有力支撑。

表 8-1　2023 年全球海运货代行业企业排名 TOP10 情况

排名	企业名称	中文名称	总部所在地	货量（万 TEU）
1	Kuehne + Nagel	德迅	瑞士	438.6
2	Sinotrans Ltd.	中外运	中国	389.0
3	DHL Supply Chain & Global Forwarding	敦豪供应链与全球货运	德国	329.4
4	DSV A/S	丹麦得夫得斯国际货运公司	丹麦	266.5
5	DB Schenker	辛克物流	德国	193.5
6	LX Pantos	泛韩物流	韩国	152.7
7	C. H. Robins on Worldwide	罗宾逊全球物流	美国	142.5
8	CEVA Logistics	基华物流	法国	130.0
9	Kerry Logistics	嘉里物流	中国香港	117.6
10	Geodis	乔达集团	法国	114.6

资料来源：Transport Topics

8.1.2　船舶工程服务

船舶工程服务构成航运服务体系的重要内容,涵盖船舶入级、分类、维修、管理等业务。全方位、高质量的船舶工程服务有利于更好满足客户的多样化需求,确保船舶的安全、高效运行,推动航运业持续发展。

1. 船级入级服务发展现状

船级社是主要从事船舶入级检验业务的专业机构。中国船级社(简称"CCS")是由中国有关法律授权的、经法律登记注册的,中国唯一从事船舶入级服务与法定服务等的专业技术机构/组织。中国船级社成立于 1956 年,致力于保护海上生命财产安全和防止海洋环境污染,专注于开展水上安全、环境保护应用技术科学研究,为船舶、海上设施、集装箱及相关工业产品提供国际领先的技术规范和标准,并以独立的第三方地位开展相应的入级检验、鉴证检验、公证检验服务。1988 年,中国船级社加入国际船级社协会(IACS)成为正式会员,标志着 CCS 实质性融入国际船级社体系。

经过 68 年的发展,中国船级社已在规模、技术、服务、管理、国际化等方面取得长足进步。在规模方面,截至 2023 年底,CCS 检验船队达到 3.52 万艘、1.96 亿总吨,在全球船舶检验和认证市场中地位持续巩固提升。在技术方面,研发 LNG 动力船上应用及加注关键技术,发布电池动力、甲醇燃料、氢燃料、LNG 动力等船舶规范指南,推动船舶应用新能源清洁能源;发布全球首部《智能船舶规范》,并构建了"一本规范 + N 本指南"的智能船舶规范标准体系;开发全国首个船舶清洁能源综合评估系统(SAFE),提供全链条、多层次评估服务,支持替代燃料方案评估,充分反映了 CCS 在智能、绿色航运领域的引领作用。在管理服务方面,聚焦提升检验服务能力,截至 2023 年底,在全球设立了 129 个检验和服务网点,新造国内航行船舶检验吨位全国占比由 2021 年的 21.6% 提升至 44.8%,建立起高效便捷、充满韧性的服务网络,同时构建形成由主体规范、辅助规范和支持文件构成的技术规范体系,服务能力达到国际先进水平。在国际化方面,深度参与国际海事组织(IMO)工作,积极参与国际船级社协会(IACS)去碳化、数字化等重要领域标准制定,在重大关键议题上的技术话语权、引领力和支撑力进一步增强。此外,2023 年 CCS 新增沙特阿拉伯等 5 国海事主管机关法定检验授权,授权船旗国/地区数量达到61 个,在国际合作中取得重要进展。(见图 8-1)

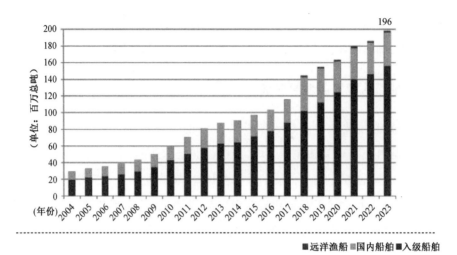

图 8-1　CCS 船队发展情况

2. 船舶管理服务发展现状

第三方船舶管理是指独立于船东、租船人之外的专业公司对船舶的管理。其主体通过向船东提供船舶维修、技术管理、商务管理、船员管理等专业服务，以满足船东委托管理船舶的需要、达到船舶管理目的而收取一定费用。第三方船舶管理公司是国际航运市场激烈竞争和发展成熟的必然产物。当前，国际海运业蓬勃发展，对船舶建造、航运安全以及管理水平提出了更高要求，间接促进了市场对第三方船舶管理的需求。特别是在航运市场波动、国际海事公约约束趋紧的背景下，委托第三方专业船舶管理公司进行管理成为航运企业的基本选择。2023 年，作为全球第三方船舶和船员管理公司及相关海事公司和航运组织的行业协会，国际船舶管理协会（InterManager）管理的船舶数量达到 5 000 多艘船舶，管理船员超过 25 万名。

中国第三方船舶管理行业起步较晚。2000 年，作为我国第一家国际船舶管理公司，上海中波国际船舶管理公司正式在上海组建成立。经过多年发展，2023 年我国的第三方船舶管理公司达到 2 000 多家，平均每家公司管理约 13 艘船舶，管理超过 4 艘船舶的管理公司约 280 家[①]。其中，洲际船务于

---

① 资料来源:《2024 中国船舶管理行业发展白皮书》。

2023 年 3 月在港股主板上市,成为港股"船舶管理第一股"。同时,2023 年洲际船务首次上榜全球前十大船舶管理公司,位列第九名,表明中国第三方船舶管理公司在规模经济、专业技术等方面取得突出成绩。同时,作为全球航运业务增长最快的地区之一,中国市场已经成为船舶管理公司的重要市场,贝仕、哥伦比亚船管、卫狮集团等世界知名船舶管理公司均在上海设有分部,全球头部船舶管理公司加快在中国进行战略性业务拓展,构成了中国第三方船舶管理业的重要力量。

8.1.3　航运经营服务

作为航运服务的基本构成,中国船东快速崛起,拥有的船队规模不断扩大。2018 年,中国超过日本成为仅次于希腊的全球第二大船东国。2023 年,中国成为拥有全球最大规模船队的世界第一大船东国。根据克拉克森统计数据,截至 2023 年 8 月 12 日,中国船东所持有的船队规模达到 2.492 亿总吨,占全球市场份额的比重达到 15.9%,超越希腊的 2.49 亿总吨,成为以总吨计的世界最大船东国。但从载重吨位和船队资产来看,中国仍存在进步空间。最新统计数据显示,截至 2022 年底,在船队载重吨方面,希腊仍位居全球首位,达到 4.23 亿吨,占全球比重达到 18%,而中国海运船队运力规模为 3.7 亿载重吨,位居世界第二;在船队资产价值方面,日本、中国、希腊三国位列世界前三,分别为 1 966 亿美元、1 901 亿美元和 1 561 亿美元。

在中国船东所持有船队实现跨越式增长的同时,中国船队在服务质量、技术含量和国际竞争力方面均取得明显进步。一方面,从船队结构来看,中国船队拥有多种类型船舶,包括散货船、集装箱船、油船、化学品船、液化天然气(LNG)船、汽车运输船、多用途船等,能够满足不同类型货物的海运需求。另一方面,近年来,中国船队不断加大数字化、智能化科技投入,并通过与港口、保险公司等相关产业构建更加紧密的合作关系,船队智能化水平明显提升,运输效率不断改善。同时,在全球航运业脱碳行动加速推进的背景下,中国船队积极响应全球绿色航运的发展趋势,持续加大环保投入,通过使用清洁能源和先进的船舶设计,推动船舶的绿色低碳转型,减少碳排放和其他污染物的排放。比如,LNG 双燃料动力船、甲醇双燃料动力船等船舶加速推广应用,助力航运"双碳"目标加快实现。总体而言,中国船队加速向智能化、绿色化、低碳化发展,为全球海运的可持续发展作出了积极贡献。

波罗的海国际航运公会(BIMCO)在近期发布的报告显示,目前中国前十大船东分别是中远海运集团、招商轮船、国银金租、交银金租、韦立国际、山东海洋集团、中国船舶集团、工银金租、民生金租和招银金租。其中,中国远洋海运集团有限公司是中国最大的综合性航运集团之一,拥有庞大的船队和广泛的国际航线网络。截至 2023 年底,中国远洋海运集团经营船队综合运力达到 1.16 亿载重吨,拥有 1 417 艘船舶,排名世界第一。其中,在集装箱船队方面,船队规模为 305 万 TEU,拥有 504 艘船舶,居世界前列;干散货、油气、杂货特种船队规模分布为 4 632 万载重吨/436 艘、2 858 万载重吨/229 艘、620万载重吨/180 艘,均居世界第一。此外,中国远洋海运集团积极推进绿色和智能航运的发展,运营的首批 7 500 车位液化天然气双燃料新型汽车船标志着中国汽车远洋运输船队正式驶入"大船时代"和"新能源时代";旗下的中远海能运输股份有限公司(中远海能)交付了全球首艘 LNG 双燃料动力超大型原油船"远瑞洋"轮,在 LNG 双燃料动力船方面取得了显著进展。招商轮船是招商局集团旗下专业从事远洋运输的航运企业,业务涵盖了油轮、干散货、气体运输、滚装运输和集装箱运输等多个领域,形成了以油轮和干散货为核心主业的"2 + N"业务布局。招商轮船经营和管理着中国历史最悠久、最具经验的远洋油轮船队,是大中华地区领先的超级油轮船队经营者,也是国内输入液化天然气运输项目的主要参与者,拥有世界一流的超级油轮和超大型矿砂船船队,国内领先的液化天然气和滚装船队,以及亚太区域一流的集装箱船队。截至 2024 年 2 月底,公司运营管理的船舶共计 303 艘(含订单),4 443万载重吨,运力规模在全球非金融船东中排名第二,是我国航运企业中的"龙头"。(见图 8-2)

8.1.4 海事法律服务

海事法律服务是一个国家航运软实力的重要表现,主要体现在海事仲裁

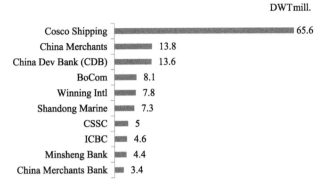

图 8-2　中国前十大船东

注：数据来源于 BIMCO，克拉克森

的数量、质量和国际影响力等方面。海事仲裁具有快捷、经济、灵活的特点，已成为解决航运贸易纠纷的重要途径，是现代航运服务业的重要内容。从海事法律业的全球分布来看，伦敦作为曾经的世界第一国际航运中心，拥有国际认可的法律体系和专业的海事仲裁服务，是全球公认的国际仲裁中心，其仲裁的案件占全球海事仲裁市场八成以上的份额，2022 年获评最受欢迎的海事仲裁地点[1]；新加坡以其高效的仲裁服务和良好的法治环境成为新兴的国际海事仲裁中心，仲裁规则得到广泛认可；香港是著名的国际金融中心，拥有完善的法律体系和专业的仲裁机构，得益于其独特的法律体系和开放的仲裁环境，香港正在成为处理涉及国际金融海事争议的中心；法国是世界上仲裁法律制度和实践最发达的国家之一，巴黎具有丰富的海事法律资源和专业的仲裁机构双重优势，处于海事仲裁领域的前沿。

　　中国海事仲裁始于 1959 年在中国国际贸易促进委员会内设立的海事仲裁委员会。作为中国唯一的国家级海事仲裁机构，中国海事仲裁委员会（中国海仲）以《仲裁法》和国际商会/国际海商法协会的仲裁规则等相关国际规则为基本遵循，坚持以仲裁的公正性和合法性为原则，国际影响力不断提升。2023 年，中国海仲新受案 1 124 件，同比增长近 5 倍，位居世界海事仲裁机构前列，同时案件涉及 32 个国家和地区，国际公信力持续提升。此外，中国还积

---

①　华政中外法律文献中心：《国际海事仲裁数据分析：伦敦的仲裁桂冠受到威胁了吗？》。

极参与国际仲裁规则标准制定。2023 年 9 月，上海航运交易所与上海仲裁委员会联合推出中英文版《上海出口集装箱运价指数（SCFI）挂钩服务合同范本》，首次将中国指数作为挂钩标的推出国际通用的合同范本，成为中国典型的规则输出服务的具体实践。然而，中国海事仲裁的发展也面临一些挑战。比如，中国企业在国际商事仲裁中败诉率较高，表明中国司法和仲裁公信力还有待提升，中资企业在谈判地位和掌握国际商事游戏规则方面还有待加强。在国际航运业发展步入新赛道的形势下，中国海事仲裁应深化海事仲裁制度改革，与时俱进、不断创新、提升服务，在规则、规制、管理、标准等方面与国际接轨，同时积极参与国际标准规则制定，朝着更加公正、更加专业、更加权威的方向迈进，为航运业高质量发展提供坚实保障。

8.1.5　航运金融服务

航运业具有典型的资本密集型和周期性特性，实现航运资源的优化与配置，离不开航运金融服务的有力支持。航运金融是与航运业相联系的所有金融活动的总称，涉及融资、保险、衍生品等多个业务领域，市场主体包括银行、保险、基金、信托等金融机构，服务内容涵盖航运企业从船舶建造、运营到最终退出的整个生命周期。航运金融始于 15 世纪的欧洲的地理大发现，海上贸易的繁荣促进了航运业的快速发展，奠定了欧洲作为世界传统航运金融中心的地位。21 世纪以来，全球经济地理格局发生重大深刻变化，中国海运、韩进集团、日本邮轮集运等一批亚洲船东崛起，亚洲航运金融的国际地位和竞争力持续提升。根据上海国际航运研究中心研究报告，在航运融资业方面，2022 年，以法国为代表的欧洲银行机构的航运投资组合规模达到 1 350 亿美元，约占全球前 40 大航运融资银行总航运投资组合规模的 47%；以中日韩为代表的亚洲地区的航运投资组合规模和占比同样约为 1 350 亿美元和 47%，同时市场份额呈现出持续上升趋势；以美国为代表的北美地区的航运投资组合规模和占比分别为 190 亿美元和 6%，市场份额相对较小①。在航运融资业

---

① 资料来源：《全球现代航运服务业展报告（2022—2023）》。

方面,欧洲地区仍然是全球航运保险收入最高的地区,2022 年航运保险收入总额达到 170.77 亿美元,全球占比高达 47.7%;亚太地区仅次于欧洲,保费收入为 101.67 亿美元,占比约 28.4%。(见图 8-3)

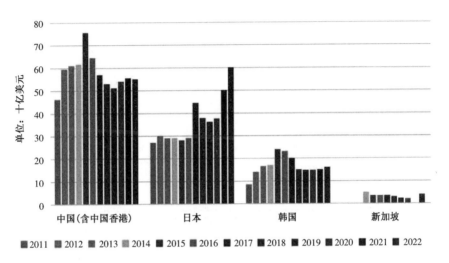

图 8-3 2011—2022 年亚洲国家的全球前 40 大航运融资银行投资组合规模
资料来源:《全球现代航运服务业发展报告(2022—2023)》

1964 年,中国第一次利用中国银行香港分行外汇贷款从英国、挪威、利比里亚购进远洋船舶 6 艘,标志着中国航运金融的开始。2008 年金融危机爆发,流动性相对充足的中资银行得到欧美船东的青睐,特别是银保监会批准商业银行进入融资业务市场以后,中国金融机构大举进入航运融资领域,我国融资租赁业务进入全面发展的快车道。2023 年,中国航运金融行业规模已达到 1 290 亿美元,在全球航运金融行业规模的占比达到 15.08%[①],反映出中国航运金融市场的巨大潜力和在全球航运金融领域中的重要地位。以 2022 年数据为例,在航运信贷融资方面,中国航运投资组合规模在亚洲仅次于日本;在航运资本融资方面,从证券交易所的航运公司上市数量和船舶总吨位看,上海证券交易所的上市船公司数量达到 51 家,仅次于纽约证券交易所,排名全球第二;在融资租赁方面,以总吨计,全球大约 9% 的商船队由中国租赁人支持,在全球具有重要影响力;在航运保险方面,中国大陆地区货运险

---

① 资料来源:《2024—2030 年全球航运金融行业市场研究分析及投资前景研判报告》。

和船壳险的保费收入分别为 25.63 亿美元和 9.66 亿美元,全球占比分别为 12.5% 和 11.5%,是全球航运保险领域的重要组成部分。(见图 8-4、图 8-5)

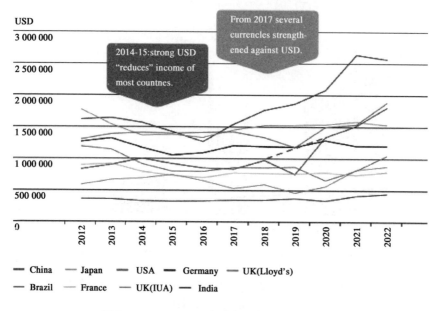

图 8-4   2015—2022 全球主要市场货物险保费

资料来源：IUMI *Stats Report* 2023

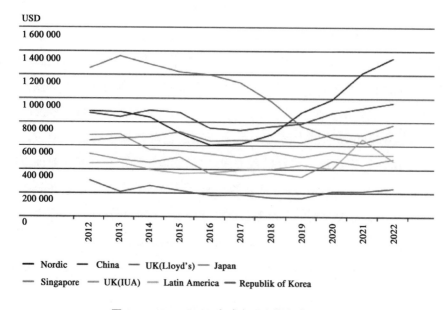

图 8-5   2015—2022 全球主要市场船壳险保费

中国航运金融的发展是政策支持、市场需求、金融创新、国际合作等多重因素共同作用的结果。在政策层面,2023 年 12 月,交通运输部、中国人民银行等多部门联合发布《关于加快推进现代航运服务业高质量发展的指导意见》,强调要增强航运金融服务效能的重要性,包括依托自由贸易港和自由贸易试验区提升离岸航运融资和资金结算能力,推广天津等自由贸易试验区融资租赁快速通办服务模式,优化船舶融资租赁营商环境,积极发展多种航运融资方式,大力支持绿色智能船舶产业链发展等。在市场需求层面,2023 年中国航运金融市场规模同比增长 9.6%,预计 2024 年同比增长 8%,未来十年投资总需求预计将达到 2.3 万亿美元,展示出巨大的市场空间和发展机遇[①]。在金融创新层面,国际贸易和航运金融的区块链平台、供应链金融,船舶融资租赁交易中心指数等平台加速构建,融资保险、国际集装箱运价的衍生品等金融创新产品不断落地,绿色金融持续主流化,航运金融供给质量显著提升。在国际合作层面,中国进出口银行和中国进出口信用保险公司在"一带一路"建设中累计完成船舶类贷款投放 4 600 余亿元,支持共建"一带一路"国家出口和投资达 1.8 万亿美元,推动高质量共建"一带一路"航运发展取得显著成效。

面向未来,中国航运金融业面临着市场竞争加剧、人才短缺和绿色转型等挑战。为此,应进一步加强中国航运金融业高质量发展的顶层设计、创新金融服务方式、丰富航运金融产品种类、加快打造具有国际竞争力的融资环境和多层次的航运金融市场体系,充分发挥航运金融对航运发展的支撑作用。

8.1.6　我国国际航运中心发展

当前,国际航运中心已成为承载航运服务业发展的主要载体。国际航运中心通常具有优化资源配置的能力,主要表现在三个层面:一是航运基础服务能力,主要是以港船货规模为指标的硬资源能力;二是高端航运服务和技

---

① 资料来源:《中国航运金融行业调查与行业竞争对手分析报告》《2024—2030 年中国航运金融行业市场深度调研及竞争格局与投资策略研究报告》。

术实力,包括以航运金融法律为代表的高端航运服务能力,以船舶制造、海事专利、数字及环保技术为代表的航运科技实力;三是战略影响力,包括航运服务业对外开放度、对国际航运组织的影响力、营商环境、规则制度的吸引力和竞争力,表现为在全球航运市场的话语权、较强议价能力和超额收益以及由此形成的战略控制能力。为充分发挥航运中心的资源配置功能,20 世纪 90 年代以来,建设国际航运中心成为国家重大发展战略之一。1995 年,我国首次提出建设上海国际航运中心,之后相继提出建设大连东北亚国际航运中心、天津北方国际航运中心、宁波-舟山国际航运中心等。根据《新华·波罗的海国际航运中心发展指数报告(2023)》,上海已连续四年位列全球第三,宁波-舟山连续三年位列前十,表明中国世界一流的国际航运中心建设成效显著。

从航运服务业发展情况来看,上海国际航运中心的航运服务功能持续完善。其中,上海航运交易所成为全国集装箱班轮运价备案中心、中国船舶交易信息中心,集装箱运价指数成为国际市场风向标;航运保险国际市场份额仅次于伦敦和新加坡;上海首次跻身全球最受欢迎仲裁地前十名;上海港成为全国首个、全球第三个拥有"船到船"同步加注保税 LNG 服务能力的大型港口;国内首个航运期货品种,集运指数(欧线)期货在上海国际能源交易中心上市交易;上海海事法院首次采用法律互惠标准承认英国法院的商事判决。此外,宁波-舟山港也已成为航运服务业集聚的新高地。2023 年,宁波、舟山两市规模以上航运服务企业达到 1 288 家,全球排名前十的国内外航运巨头均已在宁波、舟山设立分支机构;备案的国际货代企业达到 5 187 家;浙江船舶交易市场成为国内船舶交易额最多、市场规模最大、服务功能最完善的专业船舶交易市场,2023 年完成船舶评估额 286 亿元,完成船舶交易额超 80 亿元,约占国内市场份额的 40%[①],航运中心建设取得显著成效。

上海国际航运中心的建设离不开一系列政策的有力支持。2023 年12 月,为全面提升现代航运服务业发展水平和国际影响力,交通运输部等五部门联合印发《关于加快推进现代航运服务业高质量发展的指导意见》,提出要以深化现代航运服务业供给侧结构性改革为主线,以航运交易、信息咨询、

---

① 资料来源:《中国特色国际航运中心发展报告(2024)》。

航运金融保险、海事仲裁、航运人才、技术服务等为重点,着力补短板、强弱项、优环境、增功能,到 2035 年,形成功能完善、服务优质、开放融合、智慧低碳的现代航运服务体系,国际航运中心和现代航运服务集聚区功能显著提升,现代航运服务业实现高质量发展。当前,上海国际航运中心正处于从"基本建成"迈向"全面建成"的关键阶段。为进一步提升"上海航运"服务品牌的国内示范作用和国际影响力,2023 年 6 月,上海市人民政府办公厅发布《提升上海航运服务业能级助力国际航运中心建设行动方案》,提出到 2025 年,基本形成功能完备、服务优质、开放融合的现代航运服务业高质量发展体系,数智化发展水平、低碳化发展能力达到国际先进水平;到 2035 年,全面建成现代航运服务体系高度发达、引领全球航运服务创新发展、深度融入国际航运治理体系、具备全球航运资源配置能力的国际航运中心。中国政府出台的政策举措为国际航运服务中心建设指明了前进方向、提供了根本遵循,上海国际航运服务中心也实现快速发展,航运服务能力进入世界前列,助力中国海运向更高质量、更高水平方向发展。

8.2　航运服务业发展趋势

近年来,世界经济中心加速东移,亚太地区航运中心逐渐崛起,中国航运服务业进入快速发展的黄金时期。展望未来,中国航运服务业发展应准确把握趋势、明确方向,构建中国特色的航运服务高质量发展体系。

8.2.1　航运服务业呈规模化、集群化发展

从航运服务业的地理分布来看,船舶经纪、船舶管理、航运保险、海事法律等都呈现出规模化、集群化发展的特点。比如,伦敦航运服务的全球市场份额达到 25% 左右,全球 28 个政府间和非政府间国际航运组织中的 16 个总部位于伦敦。此外,伦敦拥有全球最大的海上保险、再保险和保赔险市场,全球 26 家保赔协会中有 11 家在伦敦集聚,其船货险、海工能源险保费收入在全球占比分

别高达 12%、65%，同时全球约 80% 的海事纠纷在伦敦解决，伦敦国际行业中心的地位持续巩固。新加坡凭借其在东西贸易航线上的地理位置，以及靠近中国和印度等人口稠密的市场等优势，聚集了 170 多个国际航运集团和 100 多家本地和国际船舶经纪公司，并衍生出研究咨询、航运融资和远期货运协议（FFA）经纪等多项增值服务，成为航运和商业管理的重要枢纽。纽约拥有世界上规模最大的证券交易市场，海运上市公司数量及公司市值均排名全球第一，航运金融业与海事法律业均在全球排名前列，已成为公认的国际航运中心。

8.2.2　航运服务业全球竞争聚焦现代化、高端化

现代航运服务业是加快建设交通强国、海洋强国的重要组成部分。现代航运服务业是指以信息技术、金融、法律等服务为核心的航运相关服务业，包括航运交易、信息服务、航运金融保险、海事仲裁、航运人才等，具有服务链条长、辐射面积广、带动效应强等特征。目前，世界各国都在加快推动现代航运服务业发展，欧洲在不断完善物流服务的基础上，加快航运管理、船舶管理、航运金融、航运法律等现代航运服务业布局。例如，伦敦以劳氏船级社等机构为依托，构建了包括船舶登记、经纪、管理等全链条全周期的现代航运服务体系，为航运效率提升和韧性增强提供了坚强保障。为加快补齐我国现代航运服务业短板，以政策创新为驱动，推动我国现代航运服务业要素集聚发展，2023 年 12 月，中国交通运输部等五部委联合出台的《关于加快推进现代航运服务业高质量发展的指导意见》提出："到 2035 年，形成功能完善、服务优质、开放融合、智慧低碳的现代航运服务体系，国际航运中心和现代航运服务集聚区功能显著提升，上海国际航运中心服务能力位居世界前列，现代航运服务业实现高质量发展。"

8.2.3　航运服务业加速向数字化、绿色化转型

随着区块链、大数据、人工智能等技术蓬勃发展，数字经济持续激发经济社会发展的新动能，航运业数字化转型已经成为面向未来发展的战略选择。

在航运业数字化浪潮推动下,航运服务业同样面临着数字化转型的迫切需求。2016 年以来,以马士基、上港集团、招商局、中远海运等为代表,航运服务业纷纷提出了数字化转型的发展愿景。航运服务业的数字化转型将进一步降低航运业务上下游复杂的角色业务协同之间的沟通成本,全面提升航运服务业的市场感知能力、风险防范能力、资源优化能力和经营判断能力,更好地赋能航运业实现高质量发展,为构建韧性安全、自主可控的全球供应链体系提供有力支撑。

此外,绿色低碳也已成为航运服务业发展的必然要求。当前,全球航运业正在经历一场绿色低碳转型,全球主要航运公司纷纷转向新型清洁燃料开发。比如:马士基已越过订造液化天然气(LNG)动力船舶环节,直接订造更为低碳的甲醇动力船舶;中国最大的航运企业中远海运集团也已斥资建造LNG、甲醇等替代燃料船舶。航运业的绿色转型也催生了航运金融等服务领域的变革。根据金融业的"波塞冬准则",航运公司想要在未来获得融资,就必须制造或运营绿色环保型船舶。面向绿色低碳转型的大趋势,航运服务业也面临着加快构建绿色、清洁、低碳航运服务体系的要求,加快绿色转型升级成为航运服务业发展的必然选择。

8.3　发展世界一流航运服务对策建议

8.3.1　建设世界一流的航运企业

完善全球海运航线网络。一是要以码头为支点,加快全球航线网络布局。以中远海为例,截至 2021 年末,中远海运港口在全球 37 个港口投资了46 个码头,全球经营 367 个泊位。为推进"21 世纪海上丝绸之路"高质量发展,我国航运企业需要进一步完善全球海运干线网络,加大沿线口岸的投资建设,推动"21 世纪海上丝绸之路"口岸的全覆盖。二是加快北极航道的商业化利用和常态化运行。北极航道作为连接亚欧大陆的重要海上运输通道,不但能够降低苏伊士运河对亚欧大陆海上贸易的掣肘，而且对于东亚国家而言其具有运距短、运输成本低的巨大优势。三是进一步提高第三国航线规模。海上第三国运输是指海运企业承担除本国以外的其他两国或地区之间的贸易货物运输模式。海运企业需要积极开辟第三国航线，拓展海上第三国运输市场，提升海运企业国际竞争力。

拓展海外经营网络。航运企业要想提升国际竞争力，需要进一步实施跨国经营的战略方向，提高企业国际化程度，推动海外经营网络进一步扩大、完善。完善与海外公司的区域控股管理体制，通过股权收购等手段整合、重组海外资产，明确海运企业对海外控股公司的投资管理关系。加快海外空白网点的区域控股公司或境外代理公司建设，优先采取合资形式创立海外代理公司。加强与当地企业、员工合作，充分利用本土优势快速开拓市场业务，通过与区域企业合作经营站稳脚跟，迅速形成海外经营服务网点。

增强海运话语权和定价权。一方面，随着我国海运实力提升，需要进一步提升我国海运话语权：从熟悉国际海运游戏规则，到参与行业规则制定，再成为海运国际规则和标准制定的主导之一。另一方面，目前我国造船企业仍处于粗放的靠规模赚钱状态，缺乏如欧洲马士基、地中海航运等通过操纵船型、引领船型来控制航运市场走向。因此，我国要积极打造航运产业链，在国际市场上获得更大的定价权。

8.3.2 全力打造国际航运中心

加大政策支持吸引航运要素集聚。国际航运中心的建设离不开国家层面的政策支持。政府应制定一系列优惠政策，包括税收减免、金融支持、土地使用优惠等，吸引重点航运公司、航运管理公司、航运金融机构、航运保险机构等航运服务企业在航运中心设立总部或分支部，形成规模效应和集聚效应。加强法律法规建设，为航运服务业发展提供稳定的法治环境，确保航运活动的安全性和合规性。加快转变政府职能，推动航运相关的政府职能部门由管理型向服务型转变，加快交通、港口、海关、检验检疫等口岸部门实现政务信息共享和行政互助，提高口岸综合服务水平和效率。

依托自贸港/区推动贸易和投资便利化。打造跨境贸易综合供应链服务体系,使我国的国际航运中心成为服务全球的"国际贸易高地"。进一步优化口岸环境,促进区域通关一体化。加快推进启运港退税、口岸货物状态分类监管模式、融资租赁海关异地委托监管、沿海捎带业务监管模式等,推动自贸港/区内开展专业集拼、期货保税交易、仓单质押融资、跨境贸易电子商务、保税航油站和保税油供应基地建设。

加强航运服务科技创新与人才培养。以提升航运中心竞争力为目标,加大航运服务创新投入力度,推动智能化、绿色化技术应用,建立航运服务一体化平台,推动航运服务业转型升级,培育航运中心发展新动能。同时,按照国际航运中心的要求,加强对现有航运服务从业人员的培训,不断提高综合素质;制定特殊人才吸引政策,重点引进国内外高层次航运服务人才,开辟国际航运服务高级人才交流平台;按照先进的国际航运中心所需的航运服务人才需求,加快调整相关院校的学科设置,重点培养知晓国际贸易规则、掌握国际金融知识、熟悉国际海事法律的高端复合型人才,为航运中心建设提供人才支持。

8.3.3　推动现代航运服务业高质量发展

提升航运经纪服务能级。鼓励本土航运经纪公司加强与波罗的海交易所等知名航运经纪机构开展合作,深化航运经纪人高端业务培训和人才交流,加快培养国内航运经纪人才。依托互联网、大数据、人工智能等技术,探索航运经纪新模式,推动传统航运经纪人由中介商向信息咨询服务者转变,培育线上航运经纪新业态。支持船舶经纪企业集成航运交易相关服务,提供全方位、立体化海运服务,以满足船舶运营商、航运公司和其他航运供应链企业的不同需求。

推动船舶工程服务业发展。通过政策引导和市场机制,促进资源向高附加值的船舶工程服务领域集中,如海洋工程装备、高技术船舶等,推动船舶工程服务向高端化、专业化发展。支持国内船舶修造产业龙头类、链长类企业间战略合作和兼并重组,促进资源要素整合,打造具有国际竞争力的综合性船舶工程集团。鼓励和引导特色船舶企业探索船舶工程、维修、测量、船舶分类界定等业务,加强在新能源领域的技术研发和产品推广,挖掘中小船厂在产业链供应链上下游的服务作用,形成错位发展、功能互补的特色船舶产业集群。深化国际合作,推动产学研深度融合,拓展船舶工程服务的国际市场,提升船舶产业的创新发展水平。积极参与国际船舶工程服务标准制定,提升中国船舶工程服务的国际影响力,同时加强与"一带一路"沿线国家的合作,拓展海外市场。

打造中国海事法律服务品牌。完善国内海事仲裁程序,制定和推广与国际接轨的海事仲裁标准合同,积极推进与国际高端航运服务规则接轨。壮大海事海商法律服务队伍,引导我国具有海事海商专业优势的律师事务所到自贸试验区发展。组织开展海事海商法律服务示范机构创建活动,着力打造高素质、专业化海事仲裁员队伍,不断提升海事仲裁案件办理质量和数量,提升我国海事仲裁服务的整体影响力。

优化航运金融服务体系。加强顶层设计,引导金融机构加大对航运业的信贷支持力度,提供差异化、精准化的金融服务产品,满足航运企业多样化的融资需求。推动航运金融服务模式创新,鼓励金融机构探索供应链金融、航运保险、船舶融资租赁等新型服务模式,利用区块链、大数据等现代信息技术,提高服务效率,降低运营风险。完善航运金融市场基础设施建设,建立统一的航运金融服务平台,实现信息共享,降低交易成本。提升航运金融服务专业能力,金融机构应加强航运业务知识培训,提高从业人员的专业素质和服务水平,同时深化与航运企业的合作,提供定制化、一站式的金融服务解决方案,打造航运金融生态圈。此外,加强航运金融市场监管,防范系统性金融风险,提升海运供应链金融服务韧性。

第 9 章
培育丝路海运新质生产力

2023 年 9 月，习近平总书记在黑龙江考察时首次提出"新质生产力"。新质生产力是创新起主导作用，摆脱传统经济增长方式、生产力发展路径，具有高科技、高效能、高质量特征，符合新发展理念的先进生产力质态。它由技术革命性突破、生产要素创新性配置、产业深度转型升级而催生，以劳动者、劳动资料、劳动对象及其优化组合的跃升为基本内涵，以全要素生产率大幅提升为核心标志，特点是创新，关键在质优，本质是先进生产力。

迈向海运强国的征程中，加快培育新质生产力尤为关键。海运领域的新质生产力必将推动行业深刻变革，成为推动海运业高质量发展的强大引擎，同时也为"21 世纪海上丝绸之路"建设注入强劲动力。当前，海运业正步入低碳化、数字化转型的关键阶段，而海运领域新质生产力的培育，对于海运业的绿色低碳与数字智能化发展提出了新的更高要求。因而，需要积极推动海运发展绿色化与智能化的深度融合，通过基础设施升级、技术创新应用、创新机制探索等多种途径，加快培育海运新质生产力，为海运强国建设提供坚实支撑。

9.1 培育丝路海运绿色发展新质生产力

9.1.1 海运业绿色低碳发展已成为必然趋势

作为全球贸易的生命线与主要载体,海运承担了 90% 以上的全球商品运输,对促进全球经济发展和保障产业链、供应链稳定至关重要。尽管海运具有运输能力强、覆盖范围广、能源效率高等比较优势,但每年仍需消耗大量化石燃料并排放相当规模的温室气体。根据国际海事组织(IMO)统计,全球航运业每年的温室气体排放量已超 10 亿吨,约占全球总排放量的 3%,相当于世界上第六大排放国,如不加以进一步的控制与干预,预计到 2050 年的排放量可能比 2008 年增加 30%。

1. IMO 国际海运温室气体减排行动计划

1997 年,IMO 启动了国际海运温室气体减排议题讨论,随后陆续出台了相关的控制措施和技术标准,并为温室气体减排提出了短期、中期和长期措施。2016 年,IMO 通过船舶温室气体减排战略路线图,初步确定温室气体减排"三步走"战略实施时间表。按照路线图设定,IMO 在 2018 年的海洋环境保护委员会(MEPC)72 届会议通过了船舶温室气体减排初步战略,并提出了相应的短期、中期和长期措施(表 9-1)。2023 年 7 月,IMO 通过了《船舶温室气体减排战略》修订案,宣布了航运业需要在 2030 年实现温室气体排放总量

表 9-1 IMO 船舶温室气体减排初步战略路线图

阶段	具体举措
短期 (2018—2023)	2021 年 6 月,MEPC 76 通过了《MARPOL 公约》关于降低国际航运碳强度的修正案,确定了短期温室气体减排措施,利用船舶能效指数(EEXI)、碳强度指标(CII)以及船舶能效管理计划(SEEMP)第三部分对温室气体排放量进行限制,从而达到 2030 年国际航运平均二氧化碳(CO₂)排放强度较 2008 年减少 40% 以上的目标

(续表)

阶段	具体举措
中期 (2023—2030)	基于船舶燃油排放标准规范分阶段降低船用燃料温室气体强度； 基于经济要素制定海洋温室气体排放定价机制,建立信息反馈机制； 支持和普及净零/近零温室气体排放技术、燃料和能源； 完善全生命周期温室气体/碳强度指南,制定路线图以支持减排战略的实施； 为开发或采用减排新技术的企业或个人提供激励措施,鼓励全球港口积极进行减排活动
长期 (2030 年以后)	开发和提供零碳或非化石燃料； 鼓励和推动其他适合的创新型减排机制的普遍应用

与 2008 年相比减排 20%,到 2040 年实现温室气体排放总量与 2008 年相比减排 70%,并在 2050 年前后实现净零排放的发展目标。

2. 海运替代燃料应用实践

近年来,为加快实现海运业脱碳目标,海运业已开展了液化天然气、甲醇、氢、氨、生物燃料等多种替代燃料的探索实践。根据上海国际航运研究中心发布的《2023 全球绿色港航发展报告》,2023 年全球使用清洁能源的船舶约 1 800 艘,占全球船舶总吨位的 6.3%,2023 年新增的清洁能源船舶订单共有 563 艘,占 2023 年新造船订单总吨位的 45%,高于 2021 年的 32%。其中,LNG 作为成熟的能源种类,加注基础设施较为健全。根据克拉克森的数据,截至 2023 年 1 月,全球有 185 个港口提供 LNG 加注服务,预计到 2025 年在此基础上会再增加 50 个港口。全球甲醇行业协会 2023 年发布的《船用甲醇燃料指南》指出,马士基 200 家最大客户中,包括亚马逊、惠普、微软以及诺和诺德等超过一半客户为自身的供应链设定、规划了碳减排或零碳目标,这将倒逼海运行业向降碳方向进一步努力。当前替代燃料船舶占比情况如图 9-1 所示。

但现阶段,受限于能源供

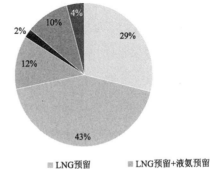

图 9-1 当前替代燃料船舶占比

数据来源:克拉克森

应、技术瓶颈与基础设施等多方面条件的约束,海运零碳排放最佳替代燃料的选择路径尚不明确,仍面临着获取可及性、技术可用性、供应可靠性、经济可行性、使用安全性等多方面的挑战。如,LNG 依旧会产生二氧化碳排放,氨燃料泄漏会产生有毒气体且燃烧利用率不高,甲醇燃料存在易发生火灾的危险性、对人体的毒性、腐蚀性等方面的风险。各绿色燃料主要优劣势详情见表 9-2。

表 9-2　各绿色燃料主要优劣势

绿色燃料	减碳率	优势	劣势
LNG	24%	燃料成本较低,且容易获得 具有一定的减排能力	仍属于化石能源 制冷成本高企
甲醇	8%	改造成本较低 常温呈现液态	绿醇生产受限 减排效果欠佳
液氨	100%	实现零碳排放	化学性质欠佳 能量密度较低 氨燃料动力装置尚不成熟
电力	100%	零碳排放 运营成本较低	续航里程有限 建造成本较高

3. 绿色航运走廊建设进展概况

为积极推动全球航运业低碳转型,英、美、德、法等 22 个国家于 2021 年 11 月在第 26 届缔约方大会(COP26)上签署了《关于绿色航运走廊的克莱德班克宣言》,提出到 2025 年在两个或更多港口之间建立至少六条绿色航运走廊,到 2030 年进一步扩大数量规模,直至 2050 年实现航运业的脱碳。

绿色航运走廊,是在两个及两个以上的港口之间建立零排放航线,被国际社会公认为是推动航运业加速脱碳的有效机制。具体而言,它是指签署国之间的港口、船公司、燃料供应商等航运上下游产业链的参与者开展联合行动,依托新型燃料替代、技术迭代、管理创新等手段,并通过提供政策法规、基础设施等方面的支持配套,促进零碳燃料的稳定供应与运营成本的大幅下降,进而在特定航线上逐步实现温室气体减排甚至零排放的目标。从本质上看,建立绿色航运走廊相当于创造出一个特区,在目标区域内能以最快的速度与最高的效率汇聚利益相关方需求,完善燃料生产和港口基础设施,并落实相关政策法规与安全程序。同时,它也相当于一个测试平台,能够帮助决策者判断各类脱碳措施的有效性。从要素构成来看,绿色航运走廊建设需要四个关键部分:政策法规、客户需求、替代燃料与跨价值链合作(表 9-3)。

表 9-3　绿色航运走廊关键要素

关键要素	具体要求
政策法规	需要制定激励政策与法规以缩小成本差距,为推动航运业脱碳创造良好环境
客户需求	需要具备调动绿色航运需求及大规模实现零排放航运的条件
替代燃料	需要充分关注替代燃料的应用成本、效率及零排放船舶加注设施的可用性
跨价值链合作	需要航运企业、货主、燃料供应商等利益相关方达成脱碳共识并愿意探索新的跨价值链协作形式

2022 年 11 月,全球海事论坛发布全球首个绿色航运走廊研究报告,深入评估了当前绿色航运走廊的发展现状,展示了各国政府及国际组织在推动绿色航运走廊方面作出的努力,并从政策支持、能源使用、技术转型、机制建设等七个方面提出对策建议。报告显示,绿色航运走廊在首年活动表现超出预期,根据全球海事论坛发布的 2023 年度《绿色走廊进展报告》,全球绿色走廊倡议数量已从 21 个增加到 44 个,凝聚了涵盖货主、航运公司、燃料生产商、监管机构及港口当局在内的 171 个利益相关者,且多个绿色航运走廊已进入实施阶段,提出了明确的运营目标与船舶优先燃料选择,绿色航运走廊建设日益成熟。从现有绿色航运走廊建设情况来看,各航线呈现出了不同特点(表 9-4)。

表 9-4　典型绿色航运走廊特征

名称	特点
上海—洛杉矶绿色航运走廊	是世界上第一条横跨太平洋的绿色航运走廊,也是全球最具活力的海运航线之一,两港之间每周开行近 10 班国际集装箱班轮航线,充足的集装箱运输量为集中试验各类脱碳举措提供了有利条件,同时该走廊参与主体覆盖面广,利益相关方已经达成减碳目标共识
澳大利亚—东亚铁矿石绿色航运走廊	航线货运量大,拥有零排放燃料生产的有利条件,利益相关方合作意愿强,已围绕通道绿氨供应、燃料补给与保障等方面开展合作框架制定等工作

（续表）

名称	特点
亚欧集装箱绿色航运走廊	航线网络密布，挂靠港口众多，船舶绿色燃料加注体系较为完备，减排潜力强
欧洲港口绿色航运走廊	具有良好的绿色能源供应链基础，在船舶类型、船舶替代燃料可行性等方面积累了较为完善的研究成果，且造船、物流、港口、货主等多个项目发起方已建立紧密合作关系

我国虽然在 2021 年未签署《关于绿色航运走廊的克莱德班克宣言》，但目前已参与上海港—洛杉矶/长滩港、广州港—洛杉矶港、天津港—新加坡港等绿色航运走廊的建设，在未来将与更多国际港口建立绿色航运走廊合作伙伴关系。2023 年 9 月，为推动"上海港—洛杉矶港绿色航运走廊"的建设，上海港与洛杉矶港共同发布《上海港—洛杉矶港绿色航运走廊实施计划纲要》，明确提出了此条绿色航运走廊的"两步走"实施方案，即从 2025 年起，航运公司将在该走廊投入部署具备全生命周期低碳或零碳排放能力的船舶；到 2030年，将在该走廊上展示全球第一艘全生命周期零碳排放集装箱船舶的可行性。在建设过程中，价值链利益相关方将及时跟踪、报告并评估碳排放情况，力争将这条跨太平洋的绿色航运走廊打造成为全球航运绿色低碳可持续发展的典范。根据数据统计，上海港集装箱码头的碳排放总量已从 2020 年的 44 万吨下降到 2022 年的 32.6 万吨，二氧化碳排放强度也从 2020 年的每 TEU10.1 千克降至 2022 年的 6.9 千克，表明上海港在绿色航运走廊合作框架下的绿色低碳转型已取得实质性进展。

9.1.2　我国海运业绿色低碳发展成效显著

党的十八大以来，习近平总书记提出绿色发展理念，深刻指出"绿色发展是高质量发展的底色，新质生产力本身就是绿色生产力"。党的二十大报告提出，推动经济社会发展绿色化、低碳化是实现高质量发展的关键环节。在碳达峰碳中和目标下，海运业减污降碳行动与绿色低碳转型对交通领域实现零排放的作用越来越引发关注。当下，转向近零排放是我国迈向"碳中和"趋势下海运业发展的必由之路，也是提升全球竞争力的重要砝码，海运业绿色低碳转型迫在眉睫。近年来，我国港航业深入推进绿色低碳变革，打好污染治理攻坚战取得实效，新能源和清洁能源运输装备加快应用。我国于 2022 年 11 月宣布：于 2023 年全面实施船舶温室气体短期减排措施"国际航运碳强度规则"。随着相关规定的实施，国际、国内航运碳减排开始进入快车道，这对我国造船业、航运业都将产生重大影响。

绿色航运发展方面，党的十八大以来，我国高度重视航运绿色低碳发展，相继出台了《中共中央　国务院关于完整准确全面贯彻新发展理念做好碳达峰碳中和工作的意见》等政策文件，构建了相对完善的政策规划指导体系，为我国新能源、清洁能源船舶发展指明了前进方向。在过去的十几年内，新能源、清洁能源船舶应用从无到有、从试点探索到全面推广，取得了扎实效果，为未来大规模推广应用打下了坚实基础。目前，国内船舶已开展探索应用的能源包括液化天然气、电力、甲醇、氢等多种，采用的动力技术包括气体燃料发动机、锂电池、燃料电池以及多种混合动力与集成技术，根据交通运输部水运科学研究院统计数据，截至 2024 年 6 月，我国已建、在建国内航行 LNG 动力船舶达 600 余艘，纯电池动力船舶 440 余艘，甲醇、氢等燃料在船舶应用的研究和试点工作也已在局部开展，船舶类型、吨级、航线等应用场景日益丰富。

专栏 1　"中远海运"发展绿色低碳航运实践

中国远洋海运集团有限公司正在锚定世界一流航运科技企业目标，全力布局绿色低碳和数字智能两个新赛道，加快实现韧性航运、绿色航运、低碳航运、智能航运、包容航运"五个航运"的战略目标，努力建设"丝路海运"港航贸一体化发展先行样板。

为深入贯彻落实碳达峰、碳中和的重大战略决策部署，响应国际海事组织提出的 2050 年前后实现温室气体净零排放目标，中远海运加快布局清洁能源产业。合作建设全球首个涵盖研发、生产、运输、加注、认证等各个环节的船用绿色甲醇全产业链项目。加快建设低碳船队。自主设计、建造运营的 12 艘 2.4 万 TEU 甲醇双燃料动力集装箱船，在全部投入亚欧航线后，预计每年将减少 130 万吨碳排放。与此同时，中远海运累计完成 188 艘船舶岸电改造，每年减少二氧化碳排放近 10 万吨。2023 年 12 月 5 日，在沃尔沃汽车亚太区总部，中远海运集运向沃尔沃汽车颁发了第一张基于使用绿色航运产品 Hi ECO 的绿色航运证书。2024 年 7 月 25 日，中远海运与全球领先的绿色技术、能源及金属公司福德士河（Fortescue Ltd）在上海签署了合作备忘录。双方将依托各自的技术及资源优势，共同打造绿色燃料供应链，推进航运业能源结构变革，携手推动航运业绿色发展，为构建绿色低碳、可持续发展的全球航运生态贡献力量。

绿色港口发展方面，进入 21 世纪以来，特别是党的十八大以来，我国港口的绿色低碳发展在政策体系完善、技术标准制定、清洁能源应用、企业示范引领等方面持续发力，取得积极成效。政策体系完善方面，国家级相关规划和文件对港口绿色发展均有明确部署和安排。地方很多港口也陆续出台绿色港口转型规划或意见，对本区域绿色港口发展作出系统性部署，将绿色发展理念嵌入港口规划、设计、建设、运营全过程。技术标准制定方面，近年来，行业加大绿色港口评价标准体系构建，极大地提升了港口绿色发展的积极性和主动性。国家加快绿色港口相关标准、规范的出台，如《码头船舶岸电设施建设技术规范》《港口和船舶岸电管理办法》等标准规范不断完善，为绿色港口建设提供了指引。清洁能源应用方面，上海、深圳、宁波-舟山港等沿海港口已具备液化天然气的加注能力，上海港率先布局绿色甲醇燃料"船—船"加注业务，唐山港投建新能源重卡充电站，青岛港和嘉兴港开展氢燃料车辆应用试点等，为道路运输脱碳提供应用场景试点和基础设施。部分港口还开展了纯电动港作拖轮、纯电动移动机械的试点应用。企业示范引领方面，山东港口集团公开了部分港区 2020 年度移动源排放清单，是第一家公开港口大气污染物和温室气体排放清单的港口企业。天津港打造全球首个"智慧零碳"码头，是天津港努力打造世界一流绿色港口的最新重大成果，成为以全新模式引领世界港口低碳发展的中国范例。

| 专栏 2 | 天津港打造全球首个"智慧零碳"码头 |

天津港集团建成的"智慧零碳"码头,是打造世界一流绿色港口的重要成果。该码头位于天津港北疆港区,岸线总长 1 100 米,共有 3 个 20 万吨级集装箱泊位,设计集装箱通过能力 250 万 TEU/年,配备岸桥 12 台、轨道桥 42 台、人工智能运输机器人(ART)92 台,码头设备全部采用电能驱动,并通过建设两座 4.5 兆瓦、三座 5 兆瓦风力发电机组和 1.4 兆瓦光伏发电装置,成功搭建"风光储一体化"智慧绿色能源供应系统,成为全球首个 100% 使用电能,电能 100% 为绿色电能,且绿色电能 100% 自产自足的"零碳"码头,率先实现了在能源生产和消耗两侧的二氧化碳"零排放"。

天津港"智慧零碳"码头为国内首家使用分散式风力发电系统的码头,采用的 5 台风电机组,轮毂高度为 110 米,叶轮直径 155 米至 171 米,总装机容量为 24 兆瓦,配合 1.4 兆瓦屋顶光伏发电系统,将所发电能接入附近变电所内,采用"自发自用,余电上网"的模式,最大限度地满足码头对绿色能源的需要。配套建设智能微网和智慧能源监控平台,建立了"风光储一体化"的能源供应系统,实现多能源融合系统与码头负荷的匹配与优化控制,实现绿电 100% 自给自足,码头生产净零碳排放。该码头搭建了先进的智能绿色能源管理控制系统,集成了能耗管理、环境监控、照明控制、智能用电监测、岸电监测、冷箱监控、变电所辅控、暖通及电动阀控制等功能,实现了能源环境全要素监测管理,通过能源智能调配,最大限度地提高绿电自发自用比例,大幅提升能效水平。

一是加快构建"低碳体系"。调结构优布局,构建以电力为主体的港区用能结构,基本实现"油改电"。创建智能岸电管控平台、智能电力调控平台,科学配置岸基供电系统,为外来大型船舶提供岸电超过 1 000 万千瓦时;自有港作船舶 100% 使用岸电,在用清洁能源港作机械占比超过 50%。

二是加力推进"降碳"行动。转方式提效益,建立全球港口最大规模清洁运输车队,研发推广电动集卡、ART 运输常态化应用,集疏运车辆减排效果明显。加快构建"公转铁""散改集"双示范港口,煤炭实现 100% 铁路运输,铁矿石铁路运输占比达 65%,位于全国沿海港口前列。

三是加速建设"低碳"港口。坚定不移走"低碳"发展道路,天津港"智慧零碳"码头"风光储一体化"绿色能源系统运行一年多以来,提供绿电近 4 000 万千瓦时,实现降碳减排量超过 35 000 吨。天津港集团持续加大港区风电、光伏等新能源布局,已建成 8 台风机,产能覆盖 4 个码头,全力打造"低碳"港口,努力实现"零碳"港口目标。

9.1.3 推动海运业绿色低碳发展对策建议

1. 完善顶层设计,保障海运业可持续性发展

在"双碳"目标与"21 世纪海上丝绸之路"框架下,积极探索海运绿色低碳发展相关税收、补贴、绿色金融等相关支持政策,在碳税、碳减排、碳资产收益等方面予以政策倾斜,激励和引导航运价值链各利益相关方积极参与海运业绿色转型发展。结合国际航运脱碳要求与我国"双碳"工作部署,制定我国"21 世纪海上丝绸之路"绿色海运发展推进框架与路线,明确脱碳目标、技术路径、进度安排等内容。借鉴欧盟将航运业纳入欧盟排放交易体系(EU ETS)范围的经验做法,加快制定绿色海运相关碳资产开发与交易规划,探索可行的航运碳交易市场方案,并制定出台完善的航运碳交易规则。进一步深度参与 IMO 各类航运减排政策的制定,在议题设置、中长期航运减排备选措施磋商等过程中积极贡献中国智慧与中国方案,进一步提升"21 世纪海上丝绸之路"沿线影响辐射力。

2. 强化新质生产力技术创新,加快船舶零碳燃料应用

以深化船舶领域新质生产力技术应用创新为导向,通过组建技术创新联合体、设立重大技术专项、搭建应用创新平台等方式,联动航运企业、港口与相关研发单位积极开展新型替代燃料技术的研发应用,攻克绿色甲醇、氨、氢

等低碳与零碳燃料在制取、供给系统、动力装置、排放控制及尾气后处理等领域的关键技术,推动相关设备研制及落地应用,解决当前绿色制备工艺中存在的技术不成熟、生产效率低、反应过程不稳定与经济成本不确定等问题,提升我国绿色船舶与配套技术的自主创新能力,为推动零碳燃料的规模应用提供坚实技术保障。与此同时,要以打通替代燃料生产、运输、加注、认证各环节堵点为导向,探索开展"21世纪海上丝绸之路"沿线可持续燃料加注中心建设,推动形成替代燃料加注点设计、建造与检验的完善体系,进一步提升甲醇、氨、氢等替代燃料的综合保障能力,为进一步提升我国海运业的绿色低碳发展水平贡献力量。

3. 拓展新质生产力应用场景,打造零碳港口样板

以打造零碳示范港口为导向,将零碳理念贯穿港口规划、设计、施工、运营和管理的全过程,充分利用港口区域风、光、波浪等资源禀赋优势,加大风能、太阳能、氢能等多态清洁能源的开发利用,提升风能、太阳能、氢能等清洁能源在港口中的使用比例。进一步完善全过程用能管理,健全港口碳排放评价体系,提高港口在设计、建设、运营、管理等各阶段的碳足迹追踪能力,建立低碳能源智能管控系统,实现能源环境监测管理。打造"源网荷储"一体化零碳能源示范,推进绿氢"制—储—加—用"全产业链示范,构建"全环节、全贯通、全覆盖、全生态、全场景"的新能源应用示范,推动港口终端用能便利化、电力来源绿色化,促进港口与能源融合发展,推动形成多能互补的清洁低碳、安全高效能源体系,打造零碳港口样板工程,加强面向"21世纪海上丝绸之路"沿线宣传我国绿色低碳港口建设成就,为全球港口的绿色转型提供可借鉴的经验。

4. 坚持深度融合,共建丝路绿色海运价值链体系

由政府牵头构建由货主、船东、燃料生产商、船舶运营商、船舶建造、港口企业、能源企业、金融机构、研发机构在内的海运零排放联盟,汇聚"21世纪海上丝绸之路"海运价值链利益相关者,促进海运产业链、供应链上下游各方在联盟框架内达成脱碳共识并开展务实合作,协同开展新能源燃料试点应用、

船舶岸电使用、零碳船舶推广、零碳港口创建等工作,分享绿色航运先进技术理念与实践经验,并积极探索联合开展碳排放交易,以此缩小燃料成本差距,分担建造新零排放船舶的风险,搭建利益共享、风险共担、协同降碳的战略伙伴关系,合力构建"21 世纪海上丝绸之路"绿色海运价值链体系,助力全球海运业加速向低碳零碳过渡。

9.2 培育丝路海运智慧发展新质生产力

9.2.1 海运业智慧发展已成为必然趋势

在新一代数字技术推动下,全球加速迈进数字经济时代。作为连通全球经济的重要基础性行业,航运业承担着全世界 90%以上的贸易运输,面对国际贸易环境复杂变化、全球产业链供应链深刻调整以及新一轮科技革命和产业变革深入发展,海运行业智慧化发展势在必行。

1. 智慧化无人化带来海运高质量发展的新场景

2019 年 5 月,交通运输部等七部门联合发布《智能航运发展的指导意见》,意见中明确到 2050 年形成高质量智能航运体系。智能航运是一个庞大、复杂的系统结构,从涉及的领域划分,大致包含智能船舶、智慧港口、智能航行保障体系、智能航运服务、智能监管五部分。在智能船舶方面,大量人工智能、大数据、物联网等技术与传统船舶技术相结合带来了无人化在船舶应用的新场景——无人驾驶船舶;在智慧港口方面,智慧化无人化为智慧港口的发展带来了自动化码头的新应用场景,自动化码头 TOS 系统、码头设备的远程操作控制、码头设备的运维与监测、港区水平运输作业智能化、智能闸口与智能堆场以及码头装卸设备的自动化等都是智能化、智慧化技术在港口生产作业智能化场景的创新应用;在智能航行保障体系方面,目前,我国关于智能航保体系的研究还处于初级阶段,张璞提出了基于 Docker 容器的智能航保云平台结构设计,通过先进技术和智能化手段,全面促进中国航保体系服务能力的进一步提升;在智能航运服务方面,智慧化无人化为海运高质量发展带来的应用场景主要包括智能航运服务平台搭建、智能航运电子商务平台、水上 ETC、"云上港航"平台等;在智能监管方面,智慧船舶交通管理系统利用智能化手段为海事监管提供有力保障,是智能化在航运智能监管方面提高海运高质量发展的应用场景之一。

2. 智慧智能解决海运高质量发展面临的新问题

智慧化进一步加速信息流通带来效率大幅提升。2016 年 12 月 31 日"中国国际贸易单一窗口"正式上线,是全国"单一窗口"的门户网站,提供各地方"单一窗口"的入口和口岸综合资讯服务平台,打破了"信息孤岛",帮助进出口企业提效降本。目前很多港口已经建立综合型的信息服务平台,但是缺乏规划,系统一致性不足,信息共享存在一定障碍,相关单位业务协同存在困难,无法发挥有效联动效应,物流信息流通水平较低,影响港口航运业的作业效率。智慧海运的发展可以进一步推进市场资源整合和信息流通,完善"单一窗口"的发展应用,实现"车、船、港、货、人"五大基本要素的有效联动,提高物流效率、降本增效,促进整合航海运领域物流效率的提升。

3. 智慧化发展重塑海运高质量发展的运营模式

智慧化不仅解决了海运高质量发展面临的信息流通问题,还进一步重塑了海运的运营模式。通过大数据、云计算等先进技术的应用,海运企业能够实现对运营数据的实时监控和分析,从而更加精准地进行市场预测和定制化服务。例如,基于历史数据和实时信息,智能算法可以预测货物的运输需求、优化航线规划,甚至提前识别潜在的运营风险。这种以数据驱动的决策模式,不仅提高了海运企业的运营效率,还使其能够更好地适应市场变化,提供更加灵活、个性化的服务。同时,智慧化的发展也推动了海运业与其他行业的跨界融合,如与制造业、金融业等的深度合作,共同探索新的价值链和商业模式,为海运高质量发展注入了新的活力。

9.2.2 我国海运业智慧发展成效显著

1. 智慧港口

在智慧港口领域，我国已建成自动化集装箱码头 18 座，在建包括改造 27 座，已建和在建数量位居世界首位，并且掌握了设计建造、装备制造、系统集成和运营管理全链条的核心关键技术，总体应用规模和技术水平处于国际前列。

专栏3 **我国智慧港口建设案例**

2021 年 1 月，天津港实现了传统集装箱码头的自动化改造，为全球传统集装箱码头转型升级提供了"天津智慧"。天津港 C 段集装箱码头以"智慧零碳"理念建成了建设周期最短、适用范围最广、运营成本最低、绿色低碳最佳、装卸效率最高、智慧程度最优的全新一代集装箱码头，实现目前全球港口最高水平的全流程自动化、智能化集装箱作业，码头运营全过程实现零碳排放。

2021 年 10 月，日照港建成全球首个顺岸开放式全自动化集装箱码头，以"远控岸桥、自动化轨道吊、无人集卡"为基本布局，首创"顺岸布置边装卸＋无人集卡水平运输"工艺，攻克无人集卡"安全员"下车等难题，研究顺岸全封闭方案，首创固定式转接起重机，突破顺岸式码头水平运输内外集卡交互的效率瓶颈，开展轻量化国产化轨道吊研发、水平智能运输车关键技术研究等，实现码头生产工艺全新布局升级。

2021 年 11 月，深圳妈湾智慧港正式开港，其前身为传统散杂货码头，是我国首个由传统码头升级改造成的自动化集装箱码头，集成招商芯、招商 ePort、人工智能、5G 应用、北斗系统、自动化、智慧口岸、区块链、绿色低碳共九大智慧元素，是粤港澳大湾区首个 5G 智慧港，是全国最大的"5G ＋ 自动驾驶应用示范"港区,将成为打造大湾区"一带一路"贸易枢纽港和建设全球海洋中心城市的重要载体,构建广东现代化交通运输体系的一张亮丽名片。

2021 年 12 月,全球首个真正意义上专业化干散货全自动码头落地烟台港,烟台港结合港口自身需求,自主创新、强力攻关,充分利用物联网、激光扫描、点云成像、PLC 控制、高精度定位等技术,自主研发了"全系统、全流程、全自动"全球首创干散货专业化码头控制技术,最终实现了"抓料卸船、取料装船、堆取料混配、取料装车"的各流程自动化,成功实现了 5 项前沿技术的全球首创应用,为世界港口贡献了更智能、更安全、更高效的"山港模式""中国方案"。

2022 年 6 月 22 日,全国首个海铁联运自动化集装箱码头——北部湾港钦州港域大榄坪港区大榄坪南作业区 7♯、8♯泊位集装箱自动化改造工程,顺利通过竣工验收,该项工程在行业内创造了多个"第一":一是成为全球首个采用 U 型工艺布局的全自动化集装箱码头;二是成为全国首个海铁联运自动化集装箱码头;三是配备了全国港口第一个滑轨式智能岸边理货系统,全国港口第一个全过程、全区域智慧安防系统,以及全球首个自动化集装箱码头智能运维平台系统。

2022 年 7 月,广州港南沙港区四期全自动化码头正式投入运行,这是粤港澳大湾区首个全新建造的自动化码头,从江海铁多式联运全自动化码头,从自动化码头国产信息系统、自动化码头在 5G 应用、大功率动力电池快速充电技术在港口导引车应用、我国港口在综合管沟应用 4 个领域填补了空白,为粤港澳大湾区建设国际一流的世界级港口群提供示范引领,进一步强化了广州国际航运枢纽地位。

2. 智慧航运

(1) 智慧船舶

在智能船舶领域,2023 年 12 月 6 日,中国船级社《智能船舶规范》(2024)发布,行业规范及技术指南逐步完善,辅助驾驶、自主航行等技术研发"多点开花"。

专栏 4	我国智慧船舶应用案例

"珠海云"号：2023 年 1 月，由中国船级社（CCS）执行图纸审查和建造检验的全球首艘智能型无人系统科考母船"珠海云"号圆满完成各项海试目标任务，正式交付使用。"珠海云"号由南方海洋科学与工程广东省实验室（珠海）主持制造，该船是全球首艘具有自主航行功能和远程遥控功能的智能型海洋科考船，获得了中国船级社颁发的首张智能船舶证书。其设计建造贯彻了"绿色智能""无人系统科考支持"和未来感等设计理念，主体设备国产化率高，动力系统、推进系统、智能系统、动力定位系统以及调查作业支持系统等均为我国自主研制。"珠海云"号装备了先进的人工智能操作系统，并且可以自动控制甲板和船舱区域搭载的数十种无人船、潜艇和飞行器，对特定海洋区域进行 3D 观测，对于海洋科学研究资料搜集有极大帮助。

"智飞"号：2023 年 4 月，我国首艘自主航行的 300 标箱集装箱商船"智飞"号在青岛港正式交付运营，具备无人驾驶、远程操控、自主航行三大功能，船上设有 310 个 TEU，集纳采用了多项先进技术，主要用于国内沿海航区集装箱船运输及智能系统测试。"智飞"号配备船舶航行辅助系统，以便在人工驾驶模式下为驾驶员提供信息、环境认知、避碰决策、安全预警等全方位的辅助支持。

（2）AI 运营管理

人工智能技术的飞速发展颠覆了航运领域的运营管理模式，劳氏船级社和 Thetius 在 2023 年 5 月份发布的报告"Out of the Box"中就表明"船东必须采用 AI 和自动化技术才能保持竞争力"。在船舶的运营管理中，AI 技术应用可以分析船舶运行状态数据，预测潜在故障，提前安排维护和修理，延长设备使用寿命，降低运营成本，此外 AI 模型还可用于船员管理，航运市场指数查询、绿色减排等领域工作，将进一步颠覆现有的运营管理模式。实际中很多航运公司已经开展尝试应用，例如招商局集团发布了业界首个航运大模型

"ShippingGPT"，可对于航运领域专业问题生成具备专业性的答案和建议；法国一家技术公司通过 AI 技术，针对发动机转速、舵角以及风助推进设备的部署等方面对船员提供建议，实现了船舶高达 14%的燃油节省。

（3）智慧平台

在智能航运服务领域，区块链电子放货平台实现了规模化应用。"双 11"期间，满载美妆产品、纸尿裤等进口电商货物的集装箱船相继靠泊上海港。通过港航区块链电子放货平台，这些商品快速完成放货，运送至菜鸟仓、京东仓等商家仓库，再配送至消费者手中。港航区块链电子放货平台通过区块链技术实现进口环节的单证无纸化和流程优化，为货主或其代理等市场主体提供无接触、无时限的服务。客户在平台上完成 500 票提单，电子换单仅需要三四分钟，比原手工换单操作效率提升数十倍，大大提高了贸易结算和港口提货效率，有效减少了清关时间。此外，该平台大大节约了跨境单据邮寄及交易成本，帮助缩短了贸易全流程周期，减少周转资金占用，降低货物滞留港区产生的相关物流费用。

9.2.3　推动海运业智慧化发展对策建议

1. 完善体制机制，促进国内统一的智慧港航市场加速形成

一是建立国家层面智慧港口工作机制，由各级交通运输主管部门从国家和地方经济发展以及港航产业布局等角度统筹规划和决策，制定智慧港口相关政策，进行顶层设计，明确智慧港口发展目标并推进，保障智慧港口的可持续发展；形成国家层面的智慧港航标准体系，统一国内市场，引领国际市场。二是进一步提高港口企业在智慧港口战略决策过程中的参与度，推进智慧港口落地实施。目前我国的智慧港口发展的战略决策主体主要以政府部门为主，港口企业的参与主要体现在政策实施环节，造成部分政策未能与产业发展相匹配，无法实现精准对接。因此，应吸纳更多核心企业参与智慧港口战略决策过程，保证相关决策能够及时有效地响应智慧港口的落地实施。三是集中优势开展科技创新与实用性验证，突破关键技术，形成国内统一标准，积

累技术与市场合力,形成先发优势,更好地服务"21 世纪海上丝绸之路"沿线港口智慧化发展,促进"21 世纪海上丝绸之路"水运的高质量发展。

2. 以智慧港口为节点,建立"21 世纪海上丝绸之路"智慧港口联盟

与"21 世纪海上丝绸之路"沿线智慧化程度高的港口建立智慧港口联盟,达成合作关系。在技术研发方面,与联盟国开展智慧港口关键技术的联合开发与部署,如 5G 通信网络、人工智能、TOS、RFIO 等,在智慧港口技术方面"走出去"与"引进来";在国际标准制定方面,谋求相关组织的领导席位,形成智慧港口话语体系,掌握话语权;在技术输出方面,本着互惠互利的原则向"21 世纪海上丝绸之路"沿线技术落后港口提供技术援助,提升我国智慧港口成套优势技术的海外港口适用性。

3. 以智慧物流为纽带,建立"21 世纪海上丝绸之路"货流信息平台

目前,国际贸易存在外贸成本高、信息交流不畅等问题,究其原因在于物流企业闭环式管理、各自为政的经营模式致使社会物流资源严重浪费,企业间信息壁垒导致产业成本居高不下,缺乏平台式的统一管理规则与机制。同样,我国与"21 世纪海上丝绸之路"沿线国家之间的国际贸易也存在上述问题,因此,构建"21 世纪海上丝绸之路"智慧物流平台显得尤为重要。智慧物流平台在"21 世纪海上丝绸之路"国际贸易中的主要业务可以包括电子订单凭证、订舱信息协同共享、物流追踪等。建立健全的"21 世纪海上丝绸之路"国际物流信息平台,聚集多种国际物流资源,统一贸易规则与机制,进一步推动"21 世纪海上丝绸之路"沿线各国之间的国际贸易,数字引领"21 世纪海上丝绸之路"海运高质量发展。

第 10 章
共创丝路海运合作共赢新局面

"21 世纪海上丝绸之路"作为一项宏大的国际合作倡议,其海运合作是推动沿线国家和地区共同繁荣发展的关键纽带。近年来,我国始终坚持人类命运共同体理念,不断加深与"21 世纪海上丝绸之路"沿线国家及地区在海上交通运输、海上安全保障、港口及航运经营等多领域的合作,建立起了全方位、深层次的合作关系,书写了"21 世纪海上丝绸之路"沿线国家合作发展、联动发展、共同发展的生动画卷,为推动世界海运的高质量发展贡献了中国智慧、中国方案与中国力量。

同舟共济扬帆起,乘风破浪万里航。面向未来,要以更加包容的姿态,不断丰富"21 世纪海上丝绸之路"海运国际合作内涵,拓宽海运合作领域,创新海运合作模式,推动"21 世纪海上丝绸之路"海运合作向更深层次、更广领域、更高水平发展,共同开启迈向海运强国海上合作新篇章,为实现全球海运共同繁荣和进步作出新的更大贡献。

10.1 丝路海运国际交流合作机制

"21 世纪海上丝绸之路"是一条契合中国与沿线国家的共同需求、多方优势互补、共创发展之路。为进一步加强中国与沿路国家的跨国联通水平,仅仅依靠基础设施建设等硬件措施是远远不够的,必须发挥海上多边合作机制的引领性作用。这样通过形成强有力的交流与合作机制，能够对海上运输便利化政策的制定起到一定的协调效果，并且有益于消除贸易与运输的壁垒和障碍，促使国家与国家之间、城市与城市之间、通道与通道之间、节点和节点之间、各种运输方式之间以最有效率的组合方式，实现无缝衔接。同现有国际及地区经济交流与合作机制相比，中国提出的"21 世纪海上丝绸之路"合作倡议，不仅具有开放性和包容性，而且在合作领域、合作制度、合作目标等方面均具有更强的多样性和多重性。各类会议和条约种类繁多，我们从国际交通运输、国际安全维护以及其他相关机制三方面对海上国际交流与合作机制进行总结和梳理。

10.1.1　国际交通运输

当前，国际交通运输交流与合作的主要机制形式是交通部长级会议，主要包括中国-东盟交通部长会议、亚太经合组织运输部长级会议、亚欧交通部长会议、金砖国家交通部长会议具体如表 10-1 所示。

表 10-1　我国与"21 世纪海上丝绸之路"相关国家国际交通运输交流机制

名称	时间	参与国家	发挥作用
中国-东盟交通部长会议	2002 年一年一次	中国及东盟十国	促进中国与东盟在交通领域的合作，加强相互间的沟通与协调。
亚太经合组织运输部长级会议	定期或不定期举行	亚太经合组织21 个成员国	加强中国与其他成员国在运输领域的务实合作，推动 APEC 地区交通运输安全、稳定和可持续发展。
亚欧交通部长会议	2009 年两年一次	亚欧国家	加强中国与亚欧国家间交流合作，推动亚欧交通设施互联互通和运输便利化。
金砖国家交通部长会议	2024 年一年一次	金砖国家	强化交通领域合作，推动金砖国家发展更紧密、更全面、更牢固的交通伙伴关系。

1. 中国-东盟交通部长会议

交通运输是中国与东盟领导人确立的十大重点合作领域之一。中国与东盟 2002 年建立交通部长会议机制,11 国交通部部长每年举行一次会议,就有关双边交通领域的具体合作事宜进行深入探讨,评估已有合作情况并对下一年度的总体合作提出指导性意见和建议。目前会议达成与"21 世纪海上丝绸之路"建设相关的主要内容及成果梳理见表 10-2。

表 10-2　中国-东盟交通部长会议

名称	时间	主要内容
第十二次会议	2013 年	(1) 优先支持东盟互联互通建设; (2) 重点推进海上互联互通网络建设,启动中国-东盟港口城市合作网络建设。
第十三次会议	2014 年	(1) 巩固既有合作,推进港口合作建设,提高海上物流信息化合作水平; (2) 维护海上航行安全,加强海上搜救合作,防止海洋环境污染; (3) 双方确定 2015 年为"中国-东盟海洋合作年"; (4) 中国与东盟下一步将在"一带一路"框架下,联合推进铁路、公路、水运、航空等基础设施在建项目和新建项目,逐步形成人畅其行、货畅其流的一体化运输网络。
第十四次会议	2015 年	(1) 以建成东盟共同体为契机,进一步对接"一带一路"互联互通倡议与东盟交通战略规划; (2) 以中国-东盟基础设施网络为基础,积极开拓双方交通科技合作新领域,"硬件""软件"双管齐下; (3) 以"东北亚物流信息服务网络"为样板,加快推进中国—东盟物流信息共享合作; (4) 以《中国-东盟海事教育与培训发展战略》为指导,继续深化中国-东盟海事教育培训合作; (5) 以中国-东盟海上合作基金等融资平台为抓手,合力推动海上搜救、航道整治、水上监管等重大项目实施,努力提升区域水上安全。
第十五次会议	2016 年	(1) 审议通过了《中国-东盟交通合作战略规划》(修订版)、《中国—东盟交通运输科技合作战略》和部长级联合声明; (2) 加强顶层发展战略对接,推动《中国-东盟交通合作战略规划》(修订版)的实施; (3) 拓展基础设施联通网络,继续推进铁路、公路、跨境桥梁、海港和临海工业园开发项目; (4) 促进海陆空运输便利化,在新增航线、跨境客货运输、航空服务等方面增进协作; (5) 提升水上安全环保水平,保障航行安全与海洋环境清洁; (6) 推动标准衔接与信息交换,落实《中国-东盟交通运输科技合作战略》,探讨多种运输方式物流信息交换共享合作。

（续表）

名称	时间	主要内容
第十六次会议	2017 年	（1）扩大合作共识，推进交通发展战略和政策标准对接； （2）推进基础设施通道建设，服务经济走廊建设； （3）完善国际运输服务网络，提高国际运输便利化水平； （4）积极推进海上互联互通，不断完善海上运输通道。
第十七次会议	2018 年	（1）以新修订的《中国-东盟交通合作战略规划》为指导全面推进中国-东盟交通运输合作； （2）打造更加联动的基础设施互联互通网络； （3）持续提高国际运输服务水平； （4）积极提升交通运输人文交流水平。
第十八次会议	2019 年	（1）加强战略和政治对接，让"硬联通"更加紧密，让"软联通"更加顺畅； （2）打造中国-东盟综合立体交通网，为民众提供更加安全、便捷、绿色、经济、高效的运输服务，力争早日实现区域内 2 天货运服务圈； （3）推动交通运输可持续发展，努力建设高质量、可靠、抗风险、可持续的交通基础设施，以交通发展带动扶贫脱贫、推动区域协调发展。
第十九次会议	2020 年	（1）扩大合作共识，推进交通发展战略和政策对接。继续坚持共商、共建、共享原则，加强交通运输发展规划对接，共同研究制定《中国-东盟交通合作战略规划（修订版）行动计划（2021—2025 年）》。 （2）聚焦务实项目，促进交通基础设施高质量互联互通。继续聚焦铁路、公路、水运、民航基础设施的关键通道、关键节点和重点工程，关注关键城市，提升通达水平。 （3）携手战胜疫情，以稳定畅通的运输物流系统助力经济复苏。
第二十次会议	2021 年	（1）审议并原则通过了《〈中国-东盟交通合作战略规划（修订版）〉行动计划（2021—2025 年）》； （2）聚焦务实项目，推进交通互联互通； （3）共同抗击疫情，保障运输物流稳定畅通； （4）坚持创新绿色，共促可持续交通发展。
第二十一次会议	2022 年	（1）提升交通互联互通合作水平，聚焦铁路、公路、水运、民航互联互通的关键通道、关键节点和重点工程，高水平推动共建国际陆海贸易新通道，积极推动"一带一路"倡议与《东盟互联互通总体规划 2025》对接合作； （2）继续落实好交通运输领域相关合作文件，进一步畅通跨境运输通道，打造更具韧性、更可持续的物流供应链，助力全球产业链稳定畅通。
第二十二次会议	2023 年	（1）充分发挥中国-东盟交通部长会议及相关高官会议平台作用，深化互联互通合作； （2）进一步加强开放协作，保障国际物流供应链稳定畅通； （3）充分利用全球可持续交通高峰论坛、国际交通技术与设备展览会等重要合作平台，拓展可持续交通合作。

2. 亚太经合组织运输部长级会议

亚太经合组织部长级会议是亚太经合组织决策机制中的一个重要组成部分,旨在促进成员间相互依存,减少区域贸易和投资壁垒,推动本地区的可持续发展,包括外交和贸易双部长会议以及专业部长会议。双部长会议每年在领导人会议前举行一次。专业部长会议定期或不定期举行,包括运输部长会议等,近年来会议情况详情见表 10-3。

表 10-3　亚太经合组织运输部长级会议情况

届次	时间	主要内容
第七届会议	2011 年	会议主题为"APEC 地区安全、稳定和可持续的平衡发展",并通过《第七届 APEC 运输部长级会议部长联合声明》。鼓励各成员经济体进一步加强运输领域务实合作,推动 APEC 地区交通运输安全、稳定和可持续发展。
第八届会议	2013 年	本届会议主题是"提供优质运输服务,促进亚太地区互联互通",并通过了题为《提供优质运输服务,促进亚太地区互联互通——打造促进环太平洋地区增长和繁荣的交通运输系统》部长联合声明,倡议 APEC 经济体以实现"物理连接、制度连接、人文连接"为核心制定亚太地区"2020 互联互通地图"。与会部长就实现茂物目标、促进公平可持续增长和推动互联互通展开深入交流。
第九届会议	2015 年	本届会议主题是"以包容性和可持续的交通运输系统驱动经济增长",重点讨论了发展包容性交通、增强交通运输安全和保安、投资弹性基础设施、推动绿色交通技术、颠覆性技术研究、大数据在交通领域的应用和限制、利用智能交通系统提高效率和效果等行业热点和前沿问题。
第十一届会议	2023 年	本届会议主题为"为所有人创造一个具有韧性和可持续的未来",包括如何透过强化亚太地区的供应链以推动经济增长和增加就业机会,以及如何通过应用低排放和零排放的运输技术以应对气候变化等。推动实现全球产业链供应链更富有韧性、更加稳定发展贡献智慧和力量。

3. 亚欧交通部长会议

亚欧交通部长会议是在亚欧会议框架下交通运输领域的高层对话机制,旨在建立一个成员国间的交通合作框架,探讨共同的政策方案,并通过行动计划,确保合作的可持续性。第一次、第二次、第三次和第四次亚欧交通部长会议分别于 2009 年 10 月、2011 年 10 月、2015 年 4 月和 2017 年 9 月在立陶宛首都维尔纽斯、中国成都、拉脱维亚首都里加和印度尼西亚巴厘岛举行,目前会议达成与"21 世纪海上丝绸之路"相关的主要内容及成果见表 10-4。

表 10-4　亚欧交通部长会议概况

名称	时间	主要内容
第一次会议	2009 年	通过了《关于亚欧更紧密交通合作的维尔纽斯宣言》,明确了亚欧交通合作的未来发展方向,强调了制定亚欧交通发展战略规划和亚欧交通合作行动计划的必要性。
第二次会议	2011 年	(1) 推动建立亚欧交通基础设施网络体系,提高亚欧交通基础设施服务保障水平; (2) 推动建立亚欧便捷高效交通运输体系,积极推进智能交通运输系统建设,降低运输成本,提高运输效率; (3) 推动建立亚欧绿色交通运输体系,实现交通运输发展与资源环境的和谐统一; (4) 推动建立亚欧交通安全应急保障体系,保障亚欧间人员、货物在运输中的安全需求。
第三次会议	2015 年	(1) 制定中长期亚欧交通发展规划纲要及优先项目,加快构建亚欧综合交通网络; (2) 完善国际运输合作机制和法律文件,提升国际运输便利化水平; (3) 打造低成本、高效的国际物流体系,推进亚欧物流信息服务平台建设; (4) 努力消除市场准入、技术转让等法律障碍,进一步规范国际运输市场。
第四次会议	2017 年	(1) 呼吁亚欧各国加强政策沟通和协调、加快推进交通基础设施互联互通、推动国际运输规则和标准对接,共同提升亚欧交通互联互通水平; (2) 会议通过了旨在推进亚欧交通互联互通一体化的《巴厘宣言》,对"一带一路"倡议对交通互联互通和便利化的作用给予充分肯定。

4. 金砖国家交通部长会议

金砖国家交通部长会议是各金砖国家部长级会议中交通运输领域的高层对话机制,旨在加强国际合作和运输领域的经验交流,助力金砖国家共同目标的实现。2024 年 6 月,首届金砖国家交通部长会议在俄罗斯圣彼得堡召开,10 位金砖国家交通运输主管部门部长、副部长出席会议。会议通过《金砖国家交通部长会议部长宣言》。

10.1.2　海上安全维护

海上航行与贸易的安全性维护一直是各国合作的重点内容,针对海上安全领域内的合作事项,我国与"21 世纪海上丝绸之路"沿线相关国家有关合作机制包括东盟地区论坛、马六甲和新加坡海峡航行安全与环境保护合作机制、湄公河委员会以及国际海事组织,具体情况如表 10-5 所示。

表 10-5　我国与"21 世纪海上丝绸之路"相关国家海上安全维护交流合作机制

名称	时间	参与国家	在"21 世纪海上丝绸之路"中的作用
东盟地区论坛	1994 年一年一次	亚太地区	该论坛是目前亚太地区最主要的官方多边安全对话与合作渠道,是我国与亚太沿线国家和地区之间政治、安全对话的主要机制。
马六甲和新加坡海峡航行安全与环境保护合作机制	2007 年设立	马六甲和新加坡海峡沿岸国、使用国及其他利益相关方	使中国能参与海峡合作项目的实施,以提升海峡航行安全和环保水平,并且为保障海峡安全及向国际航运界开放作出贡献。
湄公河委员会	1995 年成立	泰国、老挝、柬埔寨和越南	委员会重点在湄公河流域综合开发利用、水资源保护、防灾减灾、航运安全等领域开展合作。1996 年,中国和缅甸成为湄委会对话伙伴。
国际海事组织	1959 年成立	截至 2023 年 4 月,共有 175 个成员,3 个联系会	促进中国与沿线各国的航运技术合作,鼓励各国在促进海上安全,提高航行效率,防止和控制海洋污染方面采取统一的标准。
中国—东盟海事磋商机制	2005 年设立	中国与东盟国家	旨在加强中国和东盟各国在海上领域的友好关系和合作。涉及海上航行安全、海洋环境保护等方面。
西太平洋海军论坛	1988 年一年一次工作小组会、两年一次年会	截至 2024 年,共有 23 个成员国、7 个观察员国	此论坛是地区性海军合作机制平台,逐步从讨论一般海上安全问题,向具有主导地区海军专业合作和制定海上行动规则功能的方向发展,已成为西太地区颇具影响力的机制性海军论坛。

1. 东盟地区论坛

1994 年 7 月 25 日，东盟地区论坛（ASEAN Regional Forum，ARF）首次会议在曼谷召开，ARF 是目前亚太地区最主要的官方多边安全对话与合作渠道。

2017 年 8 月 7 日，第 24 届 ARF 外长会在菲律宾马尼拉举行。会议讨论了地区和国际形势，听取了本年度 ARF 在救灾、反恐与打击跨国犯罪、海上安全、防扩散与裁军等重点合作领域项目进展情况，通过了《关于加强应对毒品问题合作声明》《关于加强打击非法捕鱼合作声明》等文件。会议批准了下年度合作项目，其中包括中国提出的 4 个项目："渡运安全研讨会""台风灾害防御和减灾对策研讨会""第二届城市应急救援研讨班"和"城市搜救能力建设培训班"。

2022 年 8 月 5 日第 29 届东盟地区论坛外长会在金边举行。会议重申论坛各方在国家、地区和国际各层级促进核裁军、核不扩散与和平利用核能，加强核安全和核安保，打击核恐怖主义等方面所作努力；呼吁《不扩散核武器条约》缔约国继续承诺加大条约执行力度，提高国际原子能机构保障制度的有效性和效率，包括通过提升《附加议定书》的普遍适用性，以应对核扩散挑战等；鼓励加强论坛与联合国、国际原子能机构等国际组织及其他无核武器区的协调等。

2023 年 7 月 14 日，第 30 届东盟地区论坛外长会在雅加达举行。论坛持之以恒开展安全对话合作，为维护地区和平稳定作出有益贡献。论坛将建立信任措施作为核心，循序渐进探索符合地区实际的预防性外交。论坛坚持东盟主导，倡导相互尊重、协商一致、照顾各方舒适度等东盟方式，打造以东盟为中心的区域安全架构。

2. 马六甲和新加坡海峡航行安全与环境保护合作机制

马六甲和新加坡海峡航行安全与环境保护合作机制（以下称"合作机制"）是马六甲和新加坡海峡（以下称"海峡"）沿岸国、使用国、行业企业和其他利益相关方进行对话、信息交换和重要事宜观点共享的主要平台。澳大利亚、中国、德国、印度、日本、韩国和美国等海峡使用国,以及国际海事组织、欧盟等利益相关方,均为项目作出了贡献并积极参与其中。合作机制以海峡内的航行安全与环境保护为重点,包含合作论坛、项目协调委员会与助航设施基金。合作论坛是海峡使用国、行业企业和其他利益相关方与海峡沿岸三国(马来西亚、印度尼西亚和新加坡)就涉及共同利益的海峡事务进行对话的主要渠道;项目协调委员会负责协调,旨在提升海峡航行的安全与环保水平的合作项目的实施;助航设施基金接受财政捐款,用于在海峡内建立和维持助航设施。

3. 湄公河委员会

湄公河委员会(简称湄委会)前身为联合国亚洲及太平洋经济社会委员会(ESCAP)于 1957 年发起的"湄公河下游调查协调委员会"。1995 年 4 月,泰国、老挝、柬埔寨和越南四国在泰国清莱签署《湄公河流域发展合作协定》,决定成立湄委会,重点在湄公河流域综合开发利用、水资源保护、防灾减灾、航运安全等领域开展合作。1996 年,中国和缅甸成为湄委会对话伙伴。中国十分重视与湄委会的关系,多年来与湄委会及各成员国推进形式多样的务实合作,取得丰富成果,双方互信不断增强。自 1996 年以来,中国与湄委会连续举行了 19 次对话会。为帮助流域各国防灾减灾,中国自 2003 年起连续 11 年向湄委会无偿提供澜沧江汛期水文数据。中国还与湄委会及成员国开展了广泛的经验交流、技术培训、实地考察等活动。2010 年、2014 年,中国作为对话伙伴参加第一届及第二届湄委会峰会。2018 年 4 月 5 日,湄公河委员会第三届峰会在柬埔寨暹粒举行,会议发表了《暹粒宣言》。2023 年 4 月 5 日,湄公河委员会第四届峰会在老挝首都万象举行,会议围绕湄公河流域水资源安全和可持续发展的创新与合作展开讨论,会议发表了《万象宣言》。

4. 国际海事组织

国际海事组织(International Maritime Organization,IMO)是联合国负责海上航行安全和防止船舶造成海洋污染的一个专门机构,该组织最早成立于1959 年 1 月 6 日,致力于创建一个监管公平和有效的航运业框架,涵盖包括船舶设计、施工、设备、人员配备、操作和处理等方面。国际海事组织主要活动包括以下几个方面：一是制定和修改有关海上安全、防止海洋受船舶污染、便利海上运输、提高航行效率及与之有关的海事责任方面的公约；二是交流上述有关方面的实际经验和海事报告；三是为会员国提供本组织所研究问题的情报和科技报告；四是用联合国开发计划署等国际组织提供的经费和捐助国提供的捐款，为发展中国家提供一定的技术援助。国际海事组织是我国与"21 世纪海上丝绸之路"沿线国家在航运与海上航行安全领域内进行规则标准制定的重要机制。

5. 中国-东盟海事磋商机制

中国—东盟海事磋商机制是根据中方的建议，于 2005 年由中国交通运输部海事局与东盟各成员国海事机构共同建立，会议地点设在中国。它旨在加强中国和东盟各国在海上领域的友好关系和合作。这一机制已经成为中国和东盟国家在海事领域交换信息、分享经验和加强合作的重要平台，主要议题涉及海上航行安全、海洋环境保护等各个方面，涵盖航运中的船员培养、船舶设计及建造、船舶安全检查、事故应急反应等各个环节。近年来举办的会议详情见表 10-6。

表 10-6　中国-东盟海事磋商机制近年来会议情况

届次	时间	主要内容
第十次会议	2014 年 10 月	各方就共同关心的《2006 年海事劳工公约》《压载水管理公约》、海事技术合作和能力建设等有关航运可持续发展的议题进行了深入研讨。该会议的成功召开，能够为东盟各成员国在加强海上安全合作，密切双边交流，推动航运可持续发展等方面提供有益帮助。
第十二次会议	2018 年 8 月	本次会议重点是提出渡运安全治理、非公约船舶技术标准、船舶排放控制等新议题，审议 IMO(国际海事组织)成员国审核和海上货物安全运输合作通信工作组报告(中国为通信组协调人)、澜沧江湄公河水上安全监管项目、中国—东盟海事海员教育培训发展战略等工作的最新进展。此次会议进一步拓展了中国—东盟海运互联互通合作范围，强化了中国与东盟各国海事机构合作共识。

（续表）

届次	时间	主要内容
第十三次会议	2021 年 3 月	会议回顾了上次会议以来中国—东盟海事交流合作情况,通报了 2018—2020 年间完成的 20 项中国—东盟海事技术合作项目成果,中国代表团交流分享了应对新冠疫情的措施、智慧海事技术实践和电子证书区域合作。本次会议进一步加深了中国与东盟在海事领域的互信合作,强化了各海事主管机关的合作共识,拓展了交通互联互通合作范围,提升了中国海事的区域影响力。

6. 西太平洋海军论坛

西太平洋海军论坛(Western Pacific Naval Symposium),成立于 1988 年,是地区性海军合作机制平台。论坛以平等对话、自由讨论、自愿申办为原则开展活动。旨在推动成员国海军间的务实性合作,加强理解与互信,共同维护地区海上安全。2014 年 4 月在青岛举办西太平洋海军论坛第 14 届年会,《海上意外相遇规则》在会议中被通过。2016 年 4 月 13 日,由印尼海军承办的第 15 届西太平洋海军论坛年会在印尼巴东举行。2024 年 4 月 21 日至 24 日,中国海军在山东省青岛市承办西太平洋海军论坛第 19 届年会。其间,海军举行"命运与共的海洋"高层研讨会,设"全球安全倡议与海洋和平安宁""海上安全合作与国际法为基础的海洋秩序""共商共建共享与全球海洋治理"3 个分议题,邀请部分外国海军领导人围绕议题讨论发言。

10.1.3　其他相关机制

与"21 世纪海上丝绸之路"沿线区域的其他相关国际交流合作机制,如表 10-7 所示。

表 10-7　我国与"21 世纪海上丝绸之路"沿线国家形成的其他国际交流合作机制

名称	时间	参与国家	发挥作用
亚洲合作对话	2002 年成立	亚洲 35 国	深化中国与亚洲其他成员国在互联互通、能源、环保和人文等领域的合作。

（续表）

名称	时间	参与国家	发挥作用
亚欧峰会	1996 年两年一次	包括中国在内的亚欧 53 国	会议的目标是在亚欧两大洲之间建立旨在促进增长的新型、全面伙伴关系，加强相互对话、了解与合作，为经济和社会发展创造有利的条件，维护世界和平与稳定。
中非合作论坛	2000 年成立	中国及与中国建交的非洲国家、非洲联盟委员会共 55 个成员	论坛宗旨是平等磋商、增进了解、扩大共识、加强友谊、促进合作。
中国-阿拉伯国家合作论坛	2004 年成立	中国及阿盟 22 个成员国	论坛宗旨是加强对话与合作、促进和平与发展。2015 年 6 月，论坛第十二次高官会在埃及开罗阿盟总部举行。会议重点讨论了中阿合作共建"一带一路"和促进产能合作等议题。
印度洋委员会	1982 年成立	西印度洋区域（毛里求斯、马达加斯加、塞舌尔、科摩罗、留尼汪）	中国成为首个观察员，将为双方深层次、宽领域交流与合作开辟新的道路。
太平洋岛国论坛	1971 年一年一次	南太平洋 18 个成员国、11 个特别观察员、2 个联系成员	促进太平洋岛国与中国之间在贸易、经济发展、航空、海运、电讯、能源、旅游、教育等领域及其他共同关心问题上的合作和协调。
南亚区域合作联盟	1985 年成立	南亚八国（阿富汗、孟加拉国、不丹、印度、马尔代夫、尼泊尔、巴基斯坦、斯里兰卡）	促进在经济、社会、文化、技术和科学领域的积极合作和相互支持；加强与其他发展中国家的合作；与具有类似目标和宗旨的国际及地区组织进行合作。2007 年中国作为观察员首次派团出席峰会。
环印度洋区域合作联盟	1997 年成立	环印度洋地区	旨在推动区域内贸易和投资自由化，扩大人力资源开发、基础设施建设等方面的合作，加强成员国在国际经济事务中的协调。我国于 2000 年 1 月成为环印联盟对话伙伴国。
澜沧江-湄公河对话合作机制	2015 年建立	澜湄六国	深化澜湄六国睦邻友好和务实合作，促进沿岸各国经济社会发展，打造澜湄流域经济发展带，建设澜湄国家命运共同体，助力东盟共同体建设和地区一体化进程，为推进南南合作和落实联合国 2030 年可持续发展议程作出贡献，共同维护和促进地区持续和平与发展繁荣。

(续表)

名称	时间	参与国家	发挥作用
区域全面经济伙伴关系	2020 年建立	东盟 10 国和澳大利亚、中国、日本、韩国、新西兰等 15 个签署国	区域全面经济伙伴关系是成员国间相互开放市场、实施区域经济一体化的组织形式。

1. 亚洲合作对话

2002 年 6 月，亚洲合作对话（Asia Cooperation Dialogue，简称 ACD）第一次外长非正式会议在泰国举行，ACD 机制启动。ACD 以经济合作为重点，包括能源、农业、生物技术、中小企业合作、旅游等 20 个领域。各国自愿牵头开展具体领域合作。目前已有 24 个国家自愿担任牵头国。中国积极参与 ACD 相关活动，现担任农业、能源领域合作牵头国。近年来亚洲合作对话相关活动情况详情见表 10-8。

表 10-8　亚洲合作对话活动情况

时间	活动名称	主要内容
2014 年	亚洲合作对话丝绸之路务实合作论坛	ACD28 个成员国高级别代表和中国国家发展改革委、环保部、文化部、国家能源局、国家文物局等部委及中国香港特区政府代表出席。各方围绕 ACD 与丝绸之路经济带和 21 世纪海上丝绸之路的关系，如何推进成员国在互联互通、能源、环保和人文等领域合作展开深入研讨并提出政策建议。
2015 年	亚洲合作对话共建"一带一路"合作论坛暨亚洲工商大会	ACD29 个成员国高级代表、中国工业和信息化部等部委和国务院发展研究中心、丝路基金等机构代表出席。各方围绕 ACD 与"一带一路"建设共同发展、推进 ACD 与"一带一路"金融、经贸、工商等领域合作展开深入探讨。
2016 年	ACD 第二次领导人会议	会议通过了《亚洲合作对话亚洲合作愿景 2030》《曼谷宣言》和《关于通过互联互通伙伴关系提振亚洲增长的声明》三个成果文件。
2018 年	ACD 亚洲能源安全与转型合作论坛	各国积极响应中国的"一带一路"倡议，并将在"一带一路"倡议和 ACD 等框架下共同谋划和推进能源领域合作。

2. 中国-阿拉伯国家合作论坛

2004 年 1 月 30 日，"中国-阿拉伯国家合作论坛"正式成立，并发表了《关于成立"中国-阿拉伯国家合作论坛"的公报》。该论坛的宗旨是加强中国和阿拉伯国家对话与合作、促进和平与发展。近年中国—阿拉伯国家合作论坛相关活动详情见表 10-9。

表 10-9　中国-阿拉伯国家合作论坛相关活动

时间	活动名称	主要内容
2015 年	第六届中阿企业家大会暨第四届投资研讨会	各方就发展中阿经贸合作、推动"一带一路"建设等议题深入地交换了意见。
2015 年	中国-阿拉伯国家合作论坛第十二次高官会	会议重点讨论了中阿合作共建"一带一路"和促进产能合作等议题。
2018 年	阿拉伯国家能源互联网暨"一带一路"建设论坛	围绕"一带一路"建设，阿拉伯国家清洁能源开发及能源互联互通进行了深入讨论。
2018 年	中阿合作论坛第八届部长级会议	会议通过并签署了《北京宣言》《论坛 2018 年至 2020 年行动执行计划》和《中阿合作共建"一带一路"行动宣言》等 3 份重要成果文件。
2020 年	中阿合作论坛第九届部长级会议	中阿双方在会上就打造中阿命运共同体、在涉及彼此核心利益问题上相互支持、推动共建"一带一路"、加强抗疫和复工复产合作等达成重要共识，为新形势下的中阿战略伙伴关系开辟了更广阔前景。双方签署了《中国和阿拉伯国家团结抗击新冠肺炎疫情联合声明》《中阿合作论坛第九届部长会议安曼宣言》和《中阿合作论坛 2020 年至 2022 年行动执行计划》3 份重要成果文件。
2021 年	中阿合作论坛第九届中阿关系暨中阿文明对话研讨会	聚焦"共建中阿命运共同体背景下的中阿文明交流"主题，与会双方代表围绕"倡导包容团结，尊重各国独特文明和社会制度""加强中阿两大古老文明对话""深化文明交流互鉴，促进'一带一路'民心相通"等三个议题进行了深入对话和讨论。
2023 年	第四届中阿改革发展论坛	围绕"落实首届中阿峰会成果，全力构建面向新时代的中阿命运共同体"主题，以及"高质量共建'一带一路'，推动中阿合作提质升级""落实全球发展倡议，探索独立自主的现代化道路"议题进行深入探讨。

（续表）

时间	活动名称	主要内容
2024 年	中国-阿拉伯国家合作论坛第十届部长级会议	会议通过《北京宣言》《中国-阿拉伯国家合作论坛 2024 年至 2026 年行动执行计划》《中国和阿拉伯国家关于巴勒斯坦问题的联合声明》三份成果文件。

3. 印度洋委员会

印度洋委员会（简称印委会）是西印度洋重要区域合作组织，成员国为毛里求斯、马达加斯加、塞舌尔、科摩罗、留尼汪，秘书处设在毛里求斯。2014 年，印委会设立观察员机制之后，中国成为首个成功申请观察员的国家。2016 年 2 月 26 日，印委会第 31 届部长理事会会议通过决议，接纳中国成为印委会首个观察员。2017 年 3 月，第 32 届部长理事会会议在法属留尼汪举行。会议决定就印委会更名为"印度洋国家共同体"进行可行性研究，并就政治安全、海洋经济、互联互通等各领域合作提出具体设想。会议批准法语国家组织成为印委会观察员，毛里求斯接替法国成为轮值主席国。

中国成为观察员将为双方深层次、宽领域交流与合作开辟新的道路，中方将在实施"一带一路"倡议、"中非十大合作计划"等重要领域加强与地区国家对接，在基础设施建设、互联互通、海洋经济、可再生能源开发、农业、旅游等领域深化合作，推动地区繁荣发展，开辟更加广阔的合作前景。与会各国代表表示，中国是具有全球影响的大国，也是印委会及地区国家的重要合作伙伴，为推动地区和平与发展作出了重要贡献。中国成为观察员，将有力推动双方友好合作关系不断向前发展，印委会愿积极参与"一带一路"与中非合作论坛峰会成果落实工作，与中方共同分享发展成果，促进互利共赢。

4. 澜沧江-湄公河对话合作机制

2014 年 11 月，第 17 次中国-东盟领导人会议上，我国提出建立澜沧江-湄公河对话合作机制的倡议，为中国与柬埔寨、老挝、缅甸、泰国、越南五国的经贸合作提供便利。2015 年 11 月 12 日，澜沧江-湄公河合作（澜湄合作）首次外长会在云南景洪举行，中国、柬埔寨、老挝、缅甸、泰国、越南六国外长一致同意正式启动澜湄合作进程,会议结束时,根据与会各方共识,我国外交部长宣布澜湄合作机制正式建立。近年澜沧江-湄公河对话合作机制相关会议详情见表 10-10。

表 10-10　澜沧江-湄公河对话合作机制相关会议

时间	名称	主要内容
2016 年	澜湄合作首次领导人会议	六国领导人就推进澜沧江-湄公河合作机制建设、加强次区域国家全方位合作、促进地区一体化进程等深入交换意见。六方一致同意共建澜湄国家命运共同体,确定了"3＋5 合作框架",即坚持政治安全、经济和可持续发展、社会人文三大支柱协调发展,优先在互联互通、产能、跨境经济、水资源、农业和减贫领域开展合作。会议发表了《首次领导人会议三亚宣言》和《澜湄国家产能合作联合声明》,通过了《早期收获项目联合清单》,包含互联互通、水资源、卫生、减贫等领域的 45 个项目。
2018 年	澜湄合作第二次领导人会议	六国领导人一致同意形成"3＋5＋X 合作框架",拓展海关、卫生、青年等领域合作。会议发表了《第二次领导人会议金边宣言》和《澜湄合作五年行动计划(2018—2022)》,散发了《第二次领导人会议合作项目清单》和《六个优先领域联合工作组报告》。
2020 年	澜湄合作第三次领导人会议	共同推动会议打造了水资源合作、澜湄合作与"国际陆海贸易新通道"对接两大亮点,深化了可持续发展、公共卫生、民生等领域合作,为本地区疫后复苏和发展繁荣提供了新动力。会议发表了《第三次领导人会议万象宣言》和《澜湄合作与"国际贸易陆海新通道"对接合作的共同主席声明》。
2023 年	澜湄合作第四次领导人会议	会议发表了《澜湄合作第四次领导人会议内比都宣言》《澜湄合作五年行动计划(2023—2027)》和《澜湄地区创新走廊建设共同倡议》。

10.2　丝路海运国际交流合作实践

10.2.1　海上安全合作

海上通道是世界各濒海国家对外联系的重要渠道,对国家安全和经济发展至关重要。地理大发现以来,世界大国兴衰、成败的历史,从某种意义上讲也是一部海上通道变迁史。中国在东北、东、东南和西南方向共有 4 条海上通道,分别通向北极、太平洋、东南亚至大洋洲以及印度洋。这些通道既是保障中国经济健康运行的"动脉",也对维护中国领土和主权安全具有重要的战略意义。中国对外贸易总额的 90% 均依赖海上运输,海上通道安全直接关乎中国重大经济利益和经济健康稳定发展。

鉴于"21 世纪海上丝绸之路"沿线某些国家和区域政治形势不稳定,来自海洋上的传统和非传统风险逐渐加大,在依托"21 世纪海上丝绸之路"拓展与其他国家合作关系的过程中,中国需要与沿线国家加强各领域特别是海上的安全合作,并努力争取到区域外大国的良性参与,避免恶性竞争,共同创建一个安全稳定的"海上安全共同体",为中国及沿线国家的经贸合作奠定坚实基础。当前已有的海上安全合作方面的成果见表 10-11,主要围绕打击海盗与海上恐怖主义以及海上联合搜救等层面开展。

表 10-11　"21 世纪海上丝绸之路"沿线海上安全合作部分成果

合作主题	时间	参与对象	合作
打击海盗与海上恐怖主义	2008 年 12 月至今	中国	我国海军舰船赴亚丁湾、索马里海域执行护航任务。
	2013 年 3 月	中国、巴基斯坦等 14 国	"和平- 13"海上联合军事演习。
	2016 年 5 月	中国、东盟、日本、韩国、印度、美国、俄罗斯、澳大利亚、新西兰	东盟"10 + 8"海上安全与反恐联合演习。
	2017 年 2 月	中国、巴基斯坦、美国等 37 个国家	演习分为港口演练和海上演习两个阶段,主要包括反海盗、海上补给与反恐等。
	2022 年 1 月	中国、伊朗、俄罗斯	中伊俄海上联合演习,主要演练编队运动、舰炮射击、通信操演、反海盗演习等课目。
	2024 年 1 月	中国和沙特、卡塔尔、阿曼等多个阿拉伯国家	特种作战反恐怖主义联合研讨会
	2024 年 4 月	中国	我国海军第 46 批护航编队在亚丁湾某海域组织反恐反海盗演练
	2024 年 7 月	中国和俄罗斯	在菲律宾海的联合巡航和检查可疑船只演练

（续表）

合作主题	时间	参与对象	合作
海上联合搜救	2014 年 8 月	大陆、台湾	以韩国"世越号"事件为参照合办海上联合搜救演练
	2015 年 11 月	中国、印度尼西亚	中国—印尼国家联合海上搜救沙盘演习
	2017 年 10 月	中国、泰国、菲律宾、文莱等国	中国与东盟国家第一次进行的多边海上搜救合作
	2022 年 12 月	中国、韩国	中韩海上搜救通信演练,演练过程涵盖了报警信息接收、险情核实、信息通报等课目
	2023 年 11 月	中国、老挝、缅甸、泰国	"守望-2023"四国水上联合搜救演练
	2024 年 4 月	中国、韩国	中韩联合海上搜救通信演习

10.2.2 港口经营合作

在建设"21 世纪海上丝绸之路"的过程中,港口作为贸易流通的载体和水运行业发展的"先行官",发挥着越来越重要的作用。习近平总书记把港口视为拉动海洋经济增长的引擎,并多次用"重要支点""重要枢纽"来阐述港口在"21 世纪海上丝绸之路"建设中的关键地位。

目前中国已成为全球第一港口大国,在港口贸易支撑下,中国不断完善港口标准化体系,积累港口建设、投资、经营实力。以中国港口企业为主体、资本为纽带的"21 世纪海上丝绸之路"海外港口投资和建设如火如荼。近年来,围绕"21 世纪海上丝绸之路"沿线港口,我国港口经营企业通过战略合作与构建港口联盟等形式已取得了以下成果,见表 10-12。

表 10-12 近年国内外港口合作概况

合作对象	成立时间	合作情况
巴基斯坦	2015 年	青岛港与瓜达尔港务局、中国海外港口控股有限公司签署了《深化战略合作框架协议》,促进了双方国际海运业务的发展壮大,探讨在两港之间开通航线、航班以及开展海铁联运、过境班列等业务,服务并促进中国与巴基斯坦两国之间进出口贸易的发展。

（续表）

合作对象	成立时间	合作情况
柬埔寨	2015 年	青岛港与西哈努克港、海丰国际控股有限公司签署了《深化战略合作框架协议》。根据协议，三方充分借助国家"一带一路"战略实施，积极围绕西哈努克港的码头运营管理、国际内陆港等方面，探讨推进战略合作。
马来西亚	2015 年	青岛港与马来西亚关丹港正式签署建立友好港关系协议书。青岛港与关丹港将全面加强包括港口开发建设、运营管理、绿色低碳、员工培训、流程优化、效率提升等方面的合作及信息交流。
	2015 年	10 个中国港口——大连、上海、宁波、钦州、广州、福州、厦门、深圳、海南和太仓，与 6 个马来西亚港口——巴生港、马六甲、槟榔屿、柔佛、关丹和民都鲁进行合作。
法国	2015 年	法国港口联盟 HAROPA（勒阿弗尔港、鲁昂港和大巴黎港）在上海、宁波等地展开了其对接海上丝绸之路巡回推介之旅，向中国货主、船公司及物流供应链部门介绍塞纳河区域多式联运最新发展与远期规划，以及货物通关、物流效率的最新解决方案，共同探讨"一带一路"战略下新的合作空间。
吉布提	2017 年	吉布提多哈雷多功能港口项目（一期）工程顺利完工，投入运营。该项目由吉布提港口和自贸区管理局与招商集团子公司招商国际共同注资成立的吉布提港股份有限公司筹资，中国土木工程集团有限公司和中国建筑股份有限公司共同承建。年设计货物吞吐能力为 708 万吨，集装箱吞吐能力为 20 万 TEU，为可以停靠不同船型、装卸各种货物的多功能港口项目。
澳大利亚	2018 年	招商局港口控股有限公司完成收购澳大利亚东岸最大港口纽卡斯尔港，该项收购是招商局港口投资大洋洲迈出的第一步，标志着招商局港口在海外的港口布局由亚洲、非洲、欧洲及南北美洲扩展至大洋洲，实现了六大洲全覆盖。
文莱	2018 年	广西北部湾国际港务集团旗下的北部湾控股（香港）公司与文莱达鲁萨兰资产管理公司组建合资公司——摩拉港有限公司，正式接管了文莱摩拉港集装箱码头的运营。截至 2024 年 4 月，该港集装箱吞吐量已增长 25%，操作效率显著提升。
巴基斯坦	2023 年	青岛港与巴基斯坦瓜达尔港签署建立友好港协议书，旨在加强两国港口合作。根据协议，双方将共同推进贸易、物流、航运等领域的合作，为两国经济发展注入新动力。
希腊	2024 年	中远海运（比雷埃夫斯）港口有限公司与广州港集团有限公司在中远海运比港举行友好合作备忘录签署仪式。中远海运比港作为"一带一路"重点项目，始终坚持合作、可持续发展的理念，通过建设"绿色智慧比港"的路径，进一步强化全欧洲贸易通道建设的"点、线、面"立体布局，提高希腊港口和物流服务能力，促进欧亚贸易。此次与广州港签署绿色合作备忘录将是两港共同携手可持续发展的新起点。

(续表)

合作对象	成立时间	合作情况
越南	2024 年	山东港口青岛港分别与西贡港、海防港在越南签署友好港关系协议,旨在进一步发挥"一带一路"海陆十字交汇点重要枢纽作用,助力两国经济发展。
新加坡	2024 年	厦门港务集团、新加坡船运公司 X-PRESS FEEDERS 与 PSA 国际港务集团签署战略合作框架协议,共同推动港航贸一体化发展。

10.2.3 航运经营合作

当前国际航运市场正处于缓慢复苏阶段,"21 世纪海上丝绸之路"的提出为航运企业的发展带来了新的发展机遇。随着"21 世纪海上丝绸之路"倡议的持续推进,沿路各个国家和地区之间的贸易往来日趋频繁,在给航运企业创造了大量业务需求的同时注入了新的发展活力。航运企业也借机开辟新的海上航线,加密航线和班次,完善沿线国家间海运服务网络,并积极探索国际合作新模式,开展广泛的航运经营合作,形成海外航运产业的集群竞争力,共同服务于"21 世纪海上丝绸之路"的建设。

1. 上海港与希腊比雷埃夫斯港间航运经营合作

为进一步加强两大港口间的航运经营合作,共同推动"21 世纪海上丝绸之路"建设,2017 年 6 月,中国上海港和希腊最大的港口比雷埃夫斯港管理方签署了新的合作协议。根据协议,中希双方将进一步深化在航运服务、航运金融等航运领域的合作,加强两国的贸易往来,共同推动"21 世纪海上丝绸之路"重要港口的合作与发展,为建设上海国际航运中心、深化中希友好合作提供新的动力。

2. 我国组建航运贸易数字化合作创新联盟

2023 年,中国宝武钢铁集团、中国远洋海运集团、招商局集团、中国银行等中央企业和中央金融企业,以及上海国际港务集团、上海亿通国际股份有限公司、深圳市南方电子口岸有限公司、陆海新通道运营有限公司等航运贸易骨干企业,与国家区块链技术创新中心联合组建航运贸易数字化合作创新联盟,联盟成员单位充分利用数字化技术,邀请共建"一带一路"国家一起建设可信互联的航运贸易数字基础设施,协力打造"一带一路"航运贸易数字化可信开放协作体系。该体系通过共建可信互联的航运贸易数字基础设施,实现公平对等的广泛互联,共建开放共享的航运贸易数字化公共服务平台,有效降低航运贸易数字化转型的难度和成本,有力支撑"21 世纪海上丝绸之路"航运贸易各类主体协同开展数字化创新。

2．中俄北极航道合作

北极航道作为连接欧洲、亚洲和北美洲的重要海上通道,具有不可替代的战略地位。长久以来,由于严寒的气候和冰封的海面,北极航道的开发利用受到限制。然而,随着全球气候的变化以及航运技术的进步,北极航道正逐渐展现出其巨大的潜力和价值。2024 年 5 月,俄罗斯总统普京访华期间,中俄两国共同发布了一份详尽的联合声明。这份声明预示了双方在多个领域的深度合作,其中之一是中俄北极航道合作的深化——中俄北极航道合作分委会的成立。这一合作旨在共同开发北极航道,实现互利共赢,并共同守护北极地区生态系统。随着技术的不断进步和合作的深入,中俄两国在北极航道领域的合作将迎来更加广阔的发展空间。

4．中远海运集团牵头成立全球最大班轮联盟——"海洋联盟"

2016 年 4 月,中远海运集团所属中远集运与法国达飞轮船、台湾长荣海运和香港东方海外就成立全球的集装箱班轮公司联盟一事签署了合作备忘录,新联盟定名为"海洋联盟"(Ocean Alliance),旨在为"21 世纪海上丝绸之路"沿线国家和地区提供更加优质的航运服务,从 2017 年 4 月开始成员将共计投入 350 艘船,在远东至北欧、地中海、红海、波斯湾,以及美国东、西岸等共计40 条航线上展开合作,共计 350 万 TEU 运力。截至 2019 年,中远海运集运围绕"一带一路"沿线,共投入了约 164 艘集装箱船、172 万 TEU 运力,占集装箱总营运船队规模的 58%;涉及"一带一路"沿线的班轮航线已有 195 条;"一带一路"沿线的油品、干散货海运量每年大约分别在 6 500 万吨和 4 000 万吨。

10.2.4　信息网络合作

信息化在"21 世纪海上丝绸之路"的建设中发挥着中枢神经的作用，因此除了要加强贸易联通、交通基础设施建设之外，还需注重加强交通信息网络建设。目前，"21 世纪海上丝绸之路"建设可依托的信息化平台主要有：东北亚物流信息服务网络（NEAL-NET）、亚太港口服务组织（APSN）、中国—东盟信息港。

1. 东北亚物流信息服务网络（NEAL-NET）

2010 年 12 月 2 日，在中国杭州举行的"第三届中日韩运输与物流部长会议"上，三国决定成立名为"东北亚物流信息服务网络（NEAL-NET）"的合作机制。NEAL-NET 是国际性的、非营利的物流信息互联、交换和共享技术交流与应用合作机制。网络在建立之初就确定了明确的目标和清晰的发展远景：促进东北亚各国间物流信息平台互联互通，实现物流信息交换和资源共享；统一物流信息交换基础标准，实现大规模联网推广应用，提高东北亚区域物流信息化整体水平。

2011 年 12 月 6 日 NEAL-NET 的服务接口正式开通，宁波-舟山港、东京-横滨港、釜山港 3 个试点港口的集装箱船舶动态信息实现共享，标志着这一国际性物流信息共享合作机制初现成果，验证了网络合作机制的有效性，为国际供应链可视化的实现提供了宝贵的实践经验，为我国与其他区域和经济体间的合作增强了信心。下一步，NEAL-NET 物流信息共享将逐步从中日韩试点港口向国内外其他港口延伸、从港口环节向物流供应链其他环节延伸、从东北亚向亚欧延伸，NEAL-NET 将架起国内外物流信息高效交换共享的"高速公路"。

2. 亚太港口服务组织（APSN）

亚太港口服务组织（APSN）成立于 2008 年 5 月 18 日，是在中国民政部登记、由中国领导人倡议成立的第一个致力于推动亚太地区港口行业发展与合作的国际性社团组织。APSN 旨在通过加强本地区港口行业的经济合作、能力建设、信息交流和人员往来，推动投资和贸易的自由化与便利化，实现亚太经合组织成员经济体的共同繁荣。首个重点研究项目是"亚太门户港互通互联"，该项目将港口作为区域互通互联的重要节点，对港口间基础设施匹配、单证信息匹配以及港口与腹地连通问题等进行了深入研究，受到了成员国的广泛好评。

2024 年 6 月 4 日，由亚太港口服务组织（APSN）主办的第四届亚太绿色港口研讨会在青岛开幕。主题为"共建绿色港口、引领可持续发展"。会议旨在推动港口可持续发展、促进绿色节能技术和清洁能源在行业的应用，加强国际港口间的交流与合作，为亚太港口的可持续发展提供交流平台。

3. 中国-东盟信息港

中国-东盟信息港主要包括五个方面：一是基础建设平台。中方愿与东盟加强合作，构建通信光缆网，提升带宽水平，优化网络基础资源配置。二是技术合作平台。中方愿与东盟全面深化网络通信、网络安全、网络搜索、云计算、物联网等领域技术合作，共同参与国际重要技术标准制定，共同培养造就更多优秀技术人才。三是经贸服务平台。借助互联网全面深化双方的经贸、企业、人才往来，积极开展跨境电子商务合作，推动区域经济合作向纵深发展。四是信息共享平台。开展全方位信息共享，共同推进金融信息服务、通关数据、电子口岸、灾情评估预报、防灾信息系统、地理信息系统等领域的平台建设，共同享有信息流通带来的机遇。五是人文交流平台。中方鼓励和支持中国网站展示东盟各国的优秀文化，也希望东盟各国网站积极推介中华文化，推动本地区文化多元共生、包容共进。

2022 年 4 月，中国广电 5G 核心网广西节点竣工仪式在中国-东盟网络视听产业基地举行。2023 年广西壮族自治区大数据发展局认真贯彻落实国家和自治区党委、政府关于中国-东盟信息港建设工作部署，牢牢抓住中国-东盟信息港建设的重大机遇，按照"一带一路"倡议总体布局要求，坚持立足服务国家战略，扩大开放合作，扎实推进中国-东盟信息港建设，取得良好成效。

2024 年，"数字丝绸之路"建设提速，全信息化智能通关系统不断优化，广西在建设中国-东盟信息港中的支点作用不断加强。

10.3 加强丝路海运国际交流合作对策建议

10.3.1 坚持合作共赢，合力应对丝路海运安全威胁

一是加快构建多边参与、多元化合作机制。将打造命运共同体、推动一体化建设作为远期目标，"21 世纪海上丝绸之路"的建设需要涵盖并融入多领域合作与治理机制，"21 世纪海上丝绸之路"沿线国家需要加强沟通协调，构建海上运输安全合作机制。既要在《联合国海洋法公约》《制止危及海上航行安全非法行为公约》等全球性、国际性组织制定的国际公约框架内寻求协同保障的成熟机制，又要致力于发展区域性的国际合作机制，如《亚洲打击海盗和武装劫船合作协定》《中国-东盟非传统安全合作机制》《南海行为准则》等，扩大已有多边机制覆盖范围，更好地统筹沿线国家一切可用资源，形成海上运输通道安全保障网，通过军事合作、社会组织合作、政府合作等形成海上运输通道安全保障力量的综合布局。

二是合力应对海上运输安全威胁。长期以来，国与国之间存在利益纠纷，并因此引发地缘政治冲突，这将导致海上运输安全受到威胁。在中东，伊朗、伊拉克等波斯湾国家与美国、欧洲等国就石油问题引发了长期冲突。美国对伊拉克、伊朗等部分波斯湾国家采取了经济制裁、军事制裁、政治制裁等措施，而伊朗通过制约美、英等国通过霍尔木兹海峡进行反击，双方对于海洋权益的竞争持续至今，这对包括霍尔木兹海峡在内的波斯湾海域的原油贸易产生了极大的海上运输安全威胁。此外，在东北亚，20 世纪 90 年代初出现的朝核问题也延续至今，美国通过封锁朝鲜海上运输航线来限制朝鲜的发展，这也使得朝鲜半岛附近海域出现危机的可能性继续存在。针对此类问题，迫切需要通过国际合作，加强国与国之间的沟通交流来缓解、改善双方的冲突，

以合作的方式来达成共赢的结局。

三是提升海上突发事件应急能力。当前,亚太经济体逐渐崛起,国际环境愈发复杂多变,各国根据本国利益提出新的国家发展战略,在利益重叠的敏感区域存在国家间的利益竞争,这也使得部分地区摩擦、冲突发生概率急剧上升。2022 年初,由于俄乌冲突爆发,土耳其官方宣布关闭土耳其海峡,禁止任何船舶在海峡内通行;此外,俄乌冲突下敖德萨港口数十辆船舶被迫滞留港内,无法按照船期正常运行。海上突发事件的不确定性使得海上运输安全受到前所未有的威胁,而面对灾后的海上应急救援和运力恢复成为"21 世纪海上丝绸之路"高质量发展的重要内容。由于全球海域十分广阔,国际贸易船舶运行距离较远、运输时间较长,依靠单独的一国之力无法做到及时的援助,此时需要通过国际合作,发挥海域邻国的优势,以最快速度、最短距离提供海上运输救助,提升应急能力。

四是提升海上通道网络韧性。一方面,"21 世纪海上丝绸之路"高质量发展推动经贸合作日益深化,沿线国家海上贸易量稳定增长,韧性的海上通道网络成为"21 世纪海上丝绸之路"发展的通道保障。但是由于部分海上关键通道被其邻近的国家所把控,因此需要与相关国家开展合作,在通道节点附近建设港口等来加强自身的话语权。另一方面,日益复杂多变的国际格局下突发事件频发,如 2020 年初在全球暴发的新冠疫情,使得海运业在短期内受到巨大打击,而在疫情逐渐恢复阶段由于港口作业效率、海上通道的作业效率未能跟上报复式增长的贸易需求,使得全球供应量在一定时期内一直处于中断的状态。因此,有必要加强国际合作,通过发挥各国的优势,协助提升海上通道供应链的韧性。

10.3.2 坚持统筹协同,创新国际重大工程项目合作模式

一是以"港—航—城—贸一体化发展"模式深化沿线港口合作。"21 世纪海上丝绸之路"的高质量发展关乎"一带一路"的整体进程,推动"一带一路"倡议的实施,首先是要实现互联互通,互联互通是深化这项务实合作的目的和关键。因此,在实施"一带一路"倡议中,必须把水运基础设施放在先行地

位；而港口是"21 世纪海上丝绸之路"的起点和支点，在设施联通中，港口的作用不可替代，需要以港口为核心，充分发挥"港—城—航—货"连接的闭环优势。"港—城—航—货一体化"，主要是指航运、临港产业、货物物流等以港口为中心的环节紧密结合，建立较好的合作关系，企业需根据国家"一带一路"倡议的规划方向和发展目标，打造自己的区域性枢纽港和中转港，在不同领域发挥各自优势，寻求更多走出去的机会，加强港航多方联动，实现共赢。在"一带一路"倡议背景下，追求"21 世纪海上丝绸之路"水运高质量发展，港口运营不能仅仅局限于港口，航运企业也不能仅仅局限于航运，要打破传统界限，向更宽更广的产业链领域拓展，同时也要具备新的发展理念和新的发展视野。要强化多方联盟，合作参与港口建设。"一带一路"建设涉及众多基础设施等领域的项目，其所需资金量大，建设周期长，投资运营操作烦琐，这就迫切需要构建集金融机构、工程建设企业、港航企业、制造业企业等多方为一体的合作平台，加强机构间的密切合作，在项目微观层面形成商业共同体，在项目规划、建设、运营等各环节，发挥各自优势。

二是发挥好现有国际重大交通工程的示范作用。既要扩大以洋山港智能化码头为代表的国内智能港口宣传力度，推进大型港口智能化建设关键技术应用于"一带一路"，又要以瓜达尔港、科伦坡港口城、吉布提多哈雷新港、斯里兰卡汉班托塔港、希腊比雷埃夫斯港等国外港口建设、运营、码头施工、疏浚吹填，展现示范中国港口建设技术与能力。如 2021 年 9 月，洋山四期自动化码头被"复制"到以色列海法新港，这是中国企业首次向发达国家输出"智慧港口"先进科技和管理经验；科技部 2020 年国家重点研发计划"大型港口智能化建设关键技术联合研发与示范"正式应用于招商局控股的科伦坡国际集装箱码头，助力"一带一路"国家码头智能化，以提升效率和降低成本。

三是以港口城市联盟为支撑点，加强与沿线港口城市友好港建设和交流合作。港口是对外开放的重要平台，是连通世界的前沿窗口，港口为其他产业的发展提供了有力支持和保障，推动了城市经济发展，友好港、港口城市联盟的建立是实现"一带一路"倡议与互联互通战略对接的需求，有利于推动"21 世纪海上丝绸之路"水运高质量发展。友好港建设要进一步建立多层次、多领域的交流模式，同时友好港口之间要做到基础信息、海上紧急事件处理、物流贸易等信息实时共享,有利于提升合作效率与合作水平;港口城市联盟要不断创新联盟合作形式,推动合作形式多元化和运用灵活化,将点对点的双边港口合作上升为多边港口合作,完善港口合作机制,逐渐扩大沿线国家港口城市联盟的朋友圈。当前顺利进展的港口城市联盟合作如中国—东盟港口城市合作网络,双方协力合作,携手共建,推进双方港口城市之间的相互通航、港口建设、临港产业、友好城市、文化旅游等方面的合作,以港口城市之间的合作带动经济之间的合作,促进地区之间的经济发展,实现双赢。

10.3.3　坚持多方联动,提高国际交通治理参与力度

中国与国际组织合作,既是共建"一带一路"的最佳路径,也是"一带一路"倡议宗旨的极佳宣传平台。2020 年全球经历了史无前例的新冠疫情冲击,这是对"一带一路"建设的大考验,新形势使得我国积极参与国际组织活动的重要性更加凸显。

一是要提升参与国际组织力度,积极参与国际交通组织。2012 年是中国首次作为正式成员参加国际交通论坛,把中国发展交通事业的经验介绍给其他国家的同时,也可以学习世界各国在交通发展方面的经验和成果,我国要积极参与水运(国际海事组织 IMO 等)方面具有国际影响的组织,推动标准国际互认,提升中国标准的国际化水平,加大高端人才输送,强化本国履职能力,不断提升在组织中的话语权。如我国积极参与国际组织事务,多次当选或连任国际海事组织 A 类理事国。

二是组织承办更多的交通国际会议。为鼓励和促进我国交通领域广大科技工作者与世界同行的交流与合作,在我国举办的世界交通运输大会,包括学术交流、成果展示、科技合作等,为国际交通行业发展提供了交流平台,提高我国在交通领域的话语权;在我国举办的"一带一路"国际高峰论坛,提出要构建全球互联互通伙伴关系,论坛期间,有关国家和国际组织还在交通、贸易、审计、科技、文化等领域同中方签署了 100 多项双边合作文件。未来,我国要争取承办更多具有国际重要影响力的交通会议,扩大在科技、学术、文化领域的交流,为世界了解中国提供窗口。

三是组织建立高级别的国际联盟。通过定期召开国际会议,建立沟通协商机制,进而推进务实合作。比如建立"21 世纪海上丝绸之路港口联盟",组织沿线港口城市组织共同研讨港城发展思路、海运资源配置、水上通道安全等,逐步达成共识,推动交通运输开发合作成果惠及各方;2020 年筹备三年的"一带一路国际交通联盟"正式成立,将在专业人才培训、联合举办活动、科研项目等方面加强合作,促进交通领域技术创新,今后联盟将逐步完善组织机构、开展高端研讨与联合研究。

10.3.4　坚持人才为基,深化国际化人才培养合作

人才是国家发展的重要基础与保障,在当今的全球化时代,国际人才流动、国际人才竞争是人才培养的重要特征,特别在"一带一路"的倡议提出后,落实推动"21 世纪海上丝绸之路"水运高质量发展对我国的国际化人才培养提出了新的挑战,而开放合作也需要国际化人才的支撑,因此有必要培养具有竞争力的国际化人才。

一是加强复合型高层次培养。由于政治、文化、经济等方面的差异,大部分国外投资环境相对陌生、复杂,而且随着科技飞速发展,新技术、新产业越来越多,此外随着碳中和等理念的提出,航运对绿色发展提出了要求,需要一批具有国际化意识和胸怀、国际一流知识结构的复合型高层次人才,在交通开放合作过程中能把握机遇、争取主动,做出科学决策,应对来自政治、经济、技术等方方面面的风险。

二是扩大技术培训力度。通过组织承办发展中国家技术培训班项目,积极培训欠发达国家的交通运输科技人员,围绕"一带一路"沿线水运基础设施项目发展和技术装备、运营管理等方面内容,为欠发达国家地区人员提供技术培养,提升当地人参与"21 世纪海上丝绸之路"建设的获得感,提高当地交通建设、管理水平,真正让"中国方案"世界共享,实现合作共赢。

三是进一步加大国际人才引进。建设一批外国人才科技创新载体,依托国家的重大工程项目和创新基地集聚国际高端人才,畅通国际科技组织和高端人才落地中国的制度渠道,推进对海外高层次人才工作许可,建立高效便

捷的外国人才管理制度,加大交通领域高精尖缺的外国人才引进力度,逐步补强交通技术领域的短板,提升我国在国际上的知名度与影响力。

四是加强交通领域教育交流合作,着力培养技能人才。"一带一路"的繁荣发展,离不开各领域的人才支撑和保障。高质量发展"21 世纪海上丝绸之路",要提升交通人的国际格局,培养和集聚国内外的"一带一路"人才,实现人才的"互联互通";在发掘和利用已有国际人才的同时,需要加强"一带一路"留学交流与教育合作。围绕"一带一路"发展需要设置相关专业和课程,吸引更多沿线国家的学生来华留学,同时也鼓励我国大学生在读期间到"一带一路"沿线国家交流学习,了解当地政治、经济、文化、交通情况,培养更多熟悉、了解双方状况的青年人才,从而为双边开展务实合作奠定良好基础,并为"一带一路"的长期发展储备人才。此外,我们还应加强与沿线各国的中等技能教育合作,不仅接收沿线各国学生来中国参加技能教育,还可以结合大型企业和投资项目,向沿线国家输出相关的中等技能培训项目,为当地培养更多的技能人才。

10.3.5　坚持创新引领,开展国际科技创新合作

创新是引领发展的第一动力,科技创新合作是推动"21 海上丝绸之路"迈向高质量发展的重要力量,也是我国应对世界环境和国情变化、扩大开放、实施创新驱动发展战略的重大需求。面对世界经济和创新格局的深度调整,我国需要在"一带一路"建设中大力推进国际科技创新合作。经过近些年的发展,我国积累了大量先进适用技术和科技人才,中国已经成为世界科技创新的重要贡献者,在交通运输开放合作进程中要牢牢把握国际科技创新的引领作用。

一是以科技创新推动国际标准与规则制定。开展规范和持续的国际技术交流是科技工作者开阔视野,及时了解国际科技前沿发展动态,促进科技工作者沟通合作,实现科学技术创新成果共享的有效途径。国际技术交流可以通过杂志期刊、互联网技术交流平台、技术交流会、技术论坛、科技大讲堂、峰会等形式进行构建。通过与"21 世纪海上丝绸之路"沿线国家进行水运相

关领域技术交流合作，介绍和推广我国相关技术创新理论和技术创新方法，交流技术创新实践经验和技术创新成果，同时，吸收引进国外先进技术，使"21 世纪海上丝绸之路"相关专业技术科技人员掌握最新的技术理论和方法，开拓技术创新视野，提升技术创新能力，激发技术创新热情。依托交通运输设施装备的"走出去"和对海外港口基础设施的承建，努力推动交通强国创新体系中较为成熟的技术转化为国际标准，形成国际认可的规则，把中国港口建造的技术经验、航运服务体系，以标准、规则的方式，推向世界。

二是以平台构建促进国际技术转移转化。结合包括沿线国家及国际上其他国家的重大科技需求，鼓励我国科研机构、高等学校和相关企业与其他国家相关机构合作，围绕港航基础设施、临港产业园区等重点领域共建联合研究中心，共同推进高水平科学研究，开展科技人才的交流与培养，促进我国与其他国家双向先进适用技术转移和成果转化，提升国际整体科技能力；鼓励各技术转移中心构建国际技术转移服务联盟，为国际创新合作和技术转移转化提供新的载体，推动我国的科技、人才、信息等资源与国际需求相结合。如在厦门成立的"21 世纪海上丝绸之路国际科技创新与成果转化合作联盟"，其致力于推进创新链、产业链、金融链等全链融合，完善促进成果转化的生态服务体系，探索金砖国家创新合作新机制。

三是以深化科技创新合作贡献"中国智慧"。借助"一带一路"科技创新合作，进一步深化科技创新开放合作，以"中国智慧"推动国际科技创新合作再上新台阶。如分享我国在科技园区建设、港航基础设施建设、洲际海底光缆建设、国际绿色港口枢纽建设等方面的技术与经验，加强与世界各国在新技术、新标准、新产品方面的合作，共同提升科技创新能力；深化科技创新合作，推进绿色丝绸之路建设，加强绿色丝绸之路国际合作平台建设，构建更紧密的绿色发展伙伴关系，不断加强政策对话和沟通平台、环境知识和信息平台、绿色技术交流和转让平台建设，聚焦绿色基建等重点领域，为沿线国家提供绿色解决方案，贡献"中国智慧"。